essentials

essentials liefern aktuelles Wissen in konzentrierter Form. Die Essenz dessen, worauf es als „State-of-the-Art" in der gegenwärtigen Fachdiskussion oder in der Praxis ankommt. *essentials* informieren schnell, unkompliziert und verständlich

- als Einführung in ein aktuelles Thema aus Ihrem Fachgebiet
- als Einstieg in ein für Sie noch unbekanntes Themenfeld
- als Einblick, um zum Thema mitreden zu können

Die Bücher in elektronischer und gedruckter Form bringen das Expertenwissen von Springer-Fachautoren kompakt zur Darstellung. Sie sind besonders für die Nutzung als eBook auf Tablet-PCs, eBook-Readern und Smartphones geeignet. *essentials:* Wissensbausteine aus den Wirtschafts-, Sozial- und Geisteswissenschaften, aus Technik und Naturwissenschaften sowie aus Medizin, Psychologie und Gesundheitsberufen. Von renommierten Autoren aller Springer-Verlagsmarken.

Weitere Bände in dieser Reihe http://www.springer.com/series/13088

Michael Kunczik

Medien und Gewalt

Überblick über den
aktuellen Stand der Forschung
und der Theoriediskussion

Michael Kunczik
Fiersbach, Deutschland

ISSN 2197-6708   ISSN 2197-6716   (electronic)
essentials
ISBN 978-3-658-16542-0   ISBN 978-3-658-16543-7   (eBook)
DOI 10.1007/978-3-658-16543-7

Die Deutsche Nationalbibliothek verzeichnet diese Publikation in der Deutschen Nationalbiblio-
grafie; detaillierte bibliografische Daten sind im Internet über http://dnb.d-nb.de abrufbar.

Springer VS
© Springer Fachmedien Wiesbaden GmbH 2017
Das Werk einschließlich aller seiner Teile ist urheberrechtlich geschützt. Jede Verwertung, die
nicht ausdrücklich vom Urheberrechtsgesetz zugelassen ist, bedarf der vorherigen Zustimmung
des Verlags. Das gilt insbesondere für Vervielfältigungen, Bearbeitungen, Übersetzungen,
Mikroverfilmungen und die Einspeicherung und Verarbeitung in elektronischen Systemen.
Die Wiedergabe von Gebrauchsnamen, Handelsnamen, Warenbezeichnungen usw. in diesem
Werk berechtigt auch ohne besondere Kennzeichnung nicht zu der Annahme, dass solche Namen
im Sinne der Warenzeichen- und Markenschutz-Gesetzgebung als frei zu betrachten wären und
daher von jedermann benutzt werden dürften.
Der Verlag, die Autoren und die Herausgeber gehen davon aus, dass die Angaben und
Informationen in diesem Werk zum Zeitpunkt der Veröffentlichung vollständig und korrekt
sind. Weder der Verlag noch die Autoren oder die Herausgeber übernehmen, ausdrücklich oder
implizit, Gewähr für den Inhalt des Werkes, etwaige Fehler oder Äußerungen.

Gedruckt auf säurefreiem und chlorfrei gebleichtem Papier

Springer VS ist Teil von Springer Nature
Die eingetragene Gesellschaft ist Springer Fachmedien Wiesbaden GmbH
Die Anschrift der Gesellschaft ist: Abraham-Lincoln-Str. 46, 65189 Wiesbaden, Germany

Was Sie in diesem *essential* finden können

- Einführung in und Klärung der Begriffe: Was ist Gewalt was sind Wirkungen.
- Die Ergebnisse von Inhaltsanalysen werden darstellt und auf die ‚funktionale Inhaltsanalyse' (Wahrnehmung von Inhalten als Gewalt) wird verwiesen.
- Die Geschichte der Medien und Gewalt-Diskussion wird dargelegt.
- Die in der aktuellen Diskussion vertretenen theoretischen Ansätze werden vorgestellt und kritisiert (u. a. Beobachtungslernen, Habitualisierung, Katharsis, Kultivierung, Suggestion, Priming, General Aggression Model).
- Die Möglichkeiten, durch medienpädagogische Maßnahmen negative Wirkungen zu verhindern, werden behandelt.

Inhaltsverzeichnis

1 Einleitung: Einführung in die Diskussion 1

2 Zum Aufbau des Bandes 5

3 Begriffsklärung Gewalt und Mediengewalt, Medienwirkungen
und Inhaltsanalysen 7

4 Historische Aspekte der Diskussion um Mediengewalt 15

5 Wirkungen von Mediengewalt: Theorien, Befunde und
Problemgruppenanalysen 21

6 Medienpädagogische Maßnahmen gegen Mediengewalt 35

7 Schlussfolgerungen und weitere Forschungen 39

Glossar 45

Literatur 49

Einleitung: Einführung in die Diskussion 1

Die Problematik Medien und Gewalt ist in letzter Zeit besonders durch *School Shootings* wieder ins Interesse der Öffentlichkeit gelangt. *School Shootings* sind Amokläufe bei denen Schüler an Schulen Tötungen bzw. Tötungsversuche begehen, wobei die Opfer überwiegend Lehrer und Mitschüler sind. In der öffentlichen Diskussion wurde nach solchen Taten oft der Mediengewalt eine entscheidende Rolle zugeschrieben und ein direkter Zusammenhang zwischen dem Konsum von Mediengewalt und realer Gewalt unterstellt. Besonders bekannt geworden ist das *School Shooting* in Littleton/Colorado. Die beiden Täter, Eric Harris und Dylan Klebold, waren unauffällige 18 jährige aus der Mittelschicht stammende Schüler. Am 20. April 1999 ermordeten sie in der *Columbine High School* 13 Menschen und verwundeten 23 weitere, bevor sie sich selbst töteten. Beide Schüler spielten regelmäßig das gewalthaltige Spiel *Doom*. Bei *Doom* ist der Spieler ein ‚Marine‘ auf dem Mars, dessen Kameraden von einer fremden Lebensform getötet worden sind. Die Mission ist, den Planeten zu befreien, wozu man sich mit Waffen durch ein von Humanoiden bewohntes Labyrinth kämpfen muss.

Während die meisten *School Shooter* keine Aufzeichnungen über ihre Fantasien hinterlassen haben, ist dies bei Harris der Fall. Harris war ein Psychopath, der keine Vorstellung von Gut und Böse hatte und dem Empathie fehlte Bei ihm hatten sich Fiktion und Realität vermischt. Im Zentrum seiner Fantasien stand das suchtartig genutzte Spiel *Doom*. Harris berichtet, *Doom* sei sein Leben gewesen. Die unterschiedlichen Spielelevels seien vom „Herrgott of DOOM himself" geschaffen worden Er habe sich gewünscht, in der Welt von *Doom* zu leben. *Doom* war regelrecht in sein Gehirn ‚eingebrannt‘. Das Ziel des Schul-Massakers war, so viel als möglich zu zerstören. Die anderen (die Opfer) wurden als Monster aus *Doom* angesehen. Damit waren Gefühle ausgeschaltet. Es galt:

© Springer Fachmedien Wiesbaden GmbH 2017
M. Kunczik, *Medien und Gewalt*, essentials,
DOI 10.1007/978-3-658-16543-7_1

Entweder ich oder die Monster. Auch befanden sich die Täter offenbar in einem Machtrausch, weil sie über das Leben anderer entscheiden konnten. Sie fühlten sich als gottähnlich und allmächtig. Littleton zeigt, dass Mediengewalt extrem negative Wirkungen haben kann. Allerdings haben auch hunderttausende andere Jugendliche *Doom* gespielt, ohne aggressiv zu werden. In der öffentlichen Diskussion aber wurde Littleton als ‚Beweis' dafür herangezogen, dass Mediengewalt aggressiv macht.

Die weite Verbreitung der Vorstellung, Mediengewalt löse kausal Gewalt in der Realität aus, gründet auch darin, dass fast jeder täglich Umgang mit den Medien hat und sich deshalb als ‚Medienexperte' ansehen kann. Dieses ‚Expertentum' gründet aber auf *selbstgemachter Sozialwissenschaft (Do It Yourself Social Science)* für die als Faustregel gilt: Je einfacher und leicht verständlicher eine These zur Wirkung von Mediengewalt ist, desto erfolgreicher ist sie in der Öffentlichkeit. Die Wissenschaft ist demgegenüber skeptisch gegenüber einfachen Behauptungen zur Medienwirkung. Auf dem ‚Expertentum' der Laien gründet auch der häufig festgestellte *Andere-Leute-Effekt (Third-Person-Effect)*, wonach Mediengewalt auf einen selbst angeblich keine negativen Effekte hat, aber die anderen (vor allem Kinder und Jugendliche) stark gefährdet sind.

Nach der letzten mir bekannten Schätzung gab es bis 2010 weltweit über 120 *School Shootings,* die fast immer die Forderung nach einem Verbot von Gewaltdarstellungen in den Medien ausgelöst haben. Diese Forderung basiert auf dem direkten und kausalen Schluss vom Inhalt (Mediengewalt) auf die Wirkung (Aggressivität). Entscheidend für Wirkungen sind aber nicht die Inhalte ‚an sich', sondern die Wahrnehmung und die Nutzung von Inhalten, die von Person zu Person und von Gruppe zu Gruppe variieren können. Die Wirkungen von Mediengewalt sind wesentlich differenzierter als einfache Ursache-Wirkungs-Annahmen vermuten lassen. Auch beinhaltet ein Verbot von Mediengewalt nicht nur möglicherweise einen Schutz vor negativen Effekten, sondern vielen Jugendlichen wird durch Verbote die Freude an der Nutzung von Mediengewalt genommen. Auch werden etwaige mit dem Spielen gewalthaltiger Spiele einhergehende soziale Kontakte behindert bzw. unterbunden.

Die öffentlichen Debatten zur Thematik Medien und Gewalt werden überwiegend von selbst-ernannten „Experten" geführt, deren wissenschaftliche Fachkenntnis – vorsichtig formuliert – nicht immer überzeugend dokumentiert ist. Auch wird in den Medien zumeist ein Bild aufgebaut, wonach Mediengewalt wesentlich bedrohlicher ist, als dies die Forschungsbefunde nahelegen. Die geringe Beteiligung von Kommunikationswissenschaftlern an der öffentlichen Diskussion ist womöglich auf fehlendes Interesse zurückzuführen. Möglicherweise aber sind die Wissenschaftler nicht fähig, Forschungsbefunde in verständlicher Form zu kommunizieren. Auch sind die Ergebnisse der Forschung oft derart kompliziert, dass eine einfache Darstellung gar nicht möglich ist. Schließlich erwartet auch niemand, dass neue naturwissenschaftliche Befunde in mediengerechter, für alle verständlicher Form verbreitet werden.

Die weite Verbreitung der Annahme, Mediengewalt führe zwangsläufig zu Aggression, gründet darin, dass (heute) Menschen, die gewalttätig werden, in der Regel zuvor Mediengewalt konsumiert haben, d. h. der Konsum von Mediengewalt und Aggression treten gemeinsam auf. Auch für andere Tatbestände bestehen vergleichbare Zusammenhänge. So haben sehr viele Personen vor oder während der Aggression Sneakers oder Jeans getragen. Während die Bekleidung nicht für Aggression verantwortlich gemacht wird, ist das bei Mediengewalt oft der Fall.

Mediengewalt ist auch Geschäft; Mediengewalt ist ‚Big Business‘. Gewalt- und Horrorfilme sowie gewalthaltige Fernsehserien sind routinemäßig und relativ billig zu produzieren. Man benötigt keine Spitzenschauspieler oder Regisseure der Spitzenklasse. Die Handlungsmuster sind simpel gestrickt und einsichtig. In Fernsehserien ermöglicht Gewalt ferner die Unterbrechung für Werbepausen in spannungs- bzw. aktionsreichen Momenten und dann ist die Aufmerksamkeit vieler Zuschauer für die Werbebotschaft groß. Die mit Computerspielgewalt erzielten Gewinne rückten ab etwa 2009 ins Zentrum der Diskussion. Das Spiel *Call of Duty: Modern Warfare 2* war einer der ersten sensationellen geschäftlichen Erfolge. Am ersten Tag sind weltweit 4,7 Mio. Exemplare des Spieles verkauft worden, womit die Produktionskosten (200 Mio. US\$ für Produktion und Marketing) bereits wieder eingespielt waren.

Die wirtschaftlichen Aspekte der Mediengewalt wurden lange Zeit von der Forschung nicht beachtet. Erst in den 70er Jahren wurde herausgestellt, dass Gewalt im Fernsehen als Werbeträger für das amerikanische kapitalistische Wirtschaftssystem von entscheidender Bedeutung ist, denn Fernsehgewalt garantiert hohe Einschaltquoten und damit die weite Verbreitung von Werbebotschaften. Auch gibt es Interessengruppen, die aus wirtschaftlichen Gründen die angebliche Ungefährlichkeit von Mediengewalt ‚wissenschaftlich beweisen‘ wollen. Das Vorgehen kann dabei groteske Formen annehmen. So verbreitete die U.S.-amerikanische *Entertainment Software Association* auf ihrer Homepage ‚ausgewählte‘ Forschungsbefunde, die keine (!) Zusammenhänge zwischen Gewalt in Computerspielen und Gewaltverhalten aufzeigten. Mediengewalt wurde als harmlos hingestellt. Dabei wurde auch der auf Fehlinterpretationen von Korrelationskoeffizienten basierende ‚Klapperstorchbeweis‘ benutzt (in Gebieten mit hohen Geburtenraten gibt es viele Störche, also bringen die Klapperstörche die Kinder; vgl. Kap. 5). Durchaus verwegen wurde argumentiert, da die Jugendgewalt in den USA in der Zeit, in der sich gewalthaltige Computerspiele ausbreiteten, gesunken sei, und da andere Länder, in die gewalthaltige Spiele verkauft wurden, eine deutlich niedrigere Verbrechensrate hätten als die USA, könne Mediengewalt nicht die Ursache von Gewalt sein.

Im vorliegenden Buch wird ein Überblick über den aktuellen Forschungsstand gegeben, wobei es kein Thema der Medienwirkungsforschung gibt zu dem vergleichbar viele Untersuchungen durchgeführt worden sind. Allerdings sind ältere Befunde und Theorien, die noch aus ganz anderen Medienumwelten stammen, oft nur unter Einschränkungen auf die Gegenwart übertragbar. Aber die Befunde zeigen insgesamt, dass Kulturpessimismus unbegründet ist. Die Ausführungen beschränken sich vor allem auf die Auswirkungen fiktiver Gewalt. Reale Gewalt (z. B. Berichte über Verbrechen, Kriege, Terrorismus usw.) kann aus Platzgründen hier nicht berücksichtigt werden und wird deshalb nur gelegentlich erwähnt. Auf die Thematik der Computerspiele müsste separat eingegangen werden (z. B. Kunczik 2013), wobei eine Trennung zwischen der Wirkung von Gewalt in Computerspielen und Gewalt im Film/Fernsehen praktisch nicht durchzuführen ist. Dies zeigt etwa der Amoklauf von Winnenden im März 2009, bei dem es 17 Tote gab. Bei dem 17 jährigen Täter sind sowohl Gewaltspiele (z. B. *Counter Strike*) als auch Gewaltfilme (z. B. *Natural Born Killers*) aufgefunden worden. Hinzu kommt, dass zuvor in einer Klinik für Kinder- und Jugendpsychiatrie den Eltern der Rat gegeben worden war, das Spielen am PC und den Filmkonsum des späteren Täters zu reduzieren. Dieser Rat ist nicht umgesetzt worden.

Festzuhalten ist noch, dass es die öffentlich viel beklagte Verrohung an deutschen Schulen nicht gibt. In einer 2009 veröffentlichten Studie zu *Gewalt an Schulen* wurde festgestellt, dass Gewalt an Schulen kein Wachstumsphänomen darstellt. Die Forscher (Fuchs et al. 2009) weisen das weit verbreitete Bild zurück, Gewalt an Schulen trete immer häufiger auf und werde immer brutaler. Vielmehr war zwischen 1994 und 2004 ein Rückgang der Gewalt und zwar besonders der eher schwerwiegenden Gewaltakte festzustellen. Gewalt an Schulen ging von einem kleinen Täterkreis aus. 2 % der Schüler waren nach dieser Studie für ein Viertel aller Gewaltaktivitäten verantwortlich.

Das Buch gibt eine Übersicht über den aktuellen Stand der Forschung und die wichtigsten theoretischen Ansätze zur Erklärung der Wirkungen von Mediengewalt. Die Theorien werden ausführlich dargestellt, um eine selbstständige weitere Arbeit sowie das Verständnis anderer Texte zu erleichtern. Die Befunde der Medien-und-Gewalt-Forschung belegen, dass die große Mehrzahl der Rezipienten (auch Kinder und Jugendliche) ungefährdet ist. Gesichert ist aber auch, dass Mediengewalt bei einer Minderheit ein in seiner Bedeutung nicht zu unterschätzender Faktor neben anderen Faktoren bei der Entstehung realer Gewalt sein kann. Die Wirkungen von Mediengewalt hängen ab von den persönlichen Eigenschaften der Rezipienten, ihrer jeweiligen sozialen Einbettung, der Quantität der Nutzung, der Qualität der Inhalte sowie dem jeweiligen situativen Kontext der Nutzung. Schlichte Ursache-Wirkungs-Schlüsse vom Gewaltinhalt auf gewaltsteigernde Wirkungen sind eindeutig falsch.

Im dritten Kapitel werden die Begriffe Gewalt und Medienwirkung geklärt und die Merkmale von Mediengewalt herausgestellt. Gewalt wird auf personale Gewalt begrenzt, wobei die Schädigungsabsicht als definierend angesehen wird. Die Problematik struktureller Gewalt (sozialer Ungerechtigkeit) wird nicht diskutiert, da zu den Wirkungen ihrer Darstellung in den Medien kaum Forschungsergebnisse vorliegen. Die Problematik der Messung (Operationalisierung) personaler Gewalt – also der Umsetzung des theoretischen Begriffs in Handlungsanweisungen für die Forschung – wird diskutiert. Die Befunde von Inhaltsanalysen von Mediengewalt werden am Beispiel des Fernsehens dargestellt. Eingegangen wird dabei auch auf die *funktionale Inhaltsanalyse,* in der die Wahrnehmung der Inhalte berücksichtigt wird. Mediengewalt ist demnach das, was als Gewalt wahrgenommen wird.

© Springer Fachmedien Wiesbaden GmbH 2017
M. Kunczik, *Medien und Gewalt,* essentials,
DOI 10.1007/978-3-658-16543-7_2

Das vierte Kapitel gibt eine Übersicht über die historische Dimension der Diskussion um die Wirkungen von Mediengewalt. Einige der aktuell genutzten Erklärungsansätze besitzen eine lange Tradition; so ist die *Katharsisthese* ungefähr zweitausend Jahre alt. Die noch immer bedeutende Theorie des *Lernens durch Beobachtung* ist bereits im 17. Jahrhundert zur Erklärung negativer Auswirkungen von Mediengewalt herangezogen worden. Gezeigt wird, dass auch in Bezug auf andere Medien (Theater, Bücher, Oper, Stummfilm etc.) Diskussionen um Medien und Gewalt stattgefunden haben. Dabei wurden bereits früher noch heute diskutierte Wirkungskonzepte angesprochen (z. B. Reizüberflutung, emotionale Effekte) und Persönlichkeitsvariablen berücksichtigt (u. a. Geschlecht, Alter). Die Geschichte des Kampfes gegen Mediengewalt wird angesprochen.

Im fünften Kapitel werden die in der aktuellen Forschung wichtigsten Erklärungsansätze (Theorien) zur Wirkung von Mediengewalt vorgestellt. Diese umfassen u. a. Katharsis, Inhibition, Wirkungslosigkeit, Suggestion, Habitualisierung, Kultivierung, Stimulation, Erregungstransfer, Priming und Skript. Behandelt werden auch die Lerntheorie (incl. des negativen Lernens) und das General Aggression Model (GAM). Eingegangen wird auf die angeblichen, aber tatsächlich nicht vorhandenen Widersprüche der Forschungsbefunde, wobei die Unterschiede zwischen im natürlichen Feld und im psychologischen Labor durchgeführten Studien betont werden. Die mit den verschiedenen Methoden erhaltenen Befunde dokumentieren, dass die Mehrheit der Mediennutzer ungefährdet ist. Es gibt aber gefährdete Risiko- oder Problemgruppen, deren wichtigste Merkmale vorgestellt werden, Verwiesen wird auch auf soziale Umfelder, die das Auftreten negativer Effekte begünstigen. Ferner wird auf die Gefahr von Fehlinterpretationen von Korrelationskoeffizienten aufmerksam gemacht. Die Konzepte Wirkungspfad und Selektionspfad sowie mögliche Wechselbeziehungen zwischen beiden werden vorgestellt.

Kapitel sechs widmet sich den Möglichkeiten, negative Effekte durch medienpädagogische Maßnahmen zu verhindern, wobei die in letzter Zeit durchgeführten Forschungen den Schwerpunkt bilden. Dabei wird davon ausgegangen, dass eine der Aufgaben kommunikationswissenschaftlicher Forschung darin besteht, Ergebnisse zu liefern, die in Handlungsanweisungen umgesetzt werden können. Unterschieden wird zwischen elterlichen und schulischen Maßnahmen. Die elterlichen Maßnahmen werden in Bezug auf ihre Wirkungen diskutiert (Folgen unterschiedlicher Interventionen, Alter der Kinder usw.). Bei den schulischen Aktivitäten und deren Erforschung wird vor allem auf eine für diese Thematik Pioniercharakter besitzende deutsche Studie eingegangen.

Im Schlusskapitel wird ein Resümee gezogen und gefragt, welche Forschungsschwerpunkte in Zukunft zu erwarten sind.

Begriffsklärung Gewalt und Mediengewalt, Medienwirkungen und Inhaltsanalysen 3

▶ *Personale Gewalt (Aggression)* ist die beabsichtigte physische und/oder psychische Schädigung von Personen, Lebewesen und/oder Sachen durch eine andere Person oder Personen bzw. Personensurrogate (z. B. Tiere).

Diese Definition ist nicht problemlos: Wie wird die Absicht erschlossen? Handelt es sich bei vom Handelnden unbeabsichtigten aber vom Empfänger als aggressiv wahrgenommenen Verhaltensweisen um Gewalt? Strukturelle Gewalt, die in ein soziales System eingebaute soziale Ungerechtigkeit, spielt in der Forschung kaum eine Rolle und wird deshalb im Folgenden nicht weiter beachtet.

Beim Gewaltbegriff zeigt sich ein Mangel der Medien- und Gewaltforschung, denn wissenschaftliche Tätigkeit setzt klare Definitionen und eindeutige Anweisungen voraus, wie Gewalt gemessen werden soll. Der Begriff Mediengewalt wird bei der Erforschung möglicher Effekte aber sehr unterschiedlich definiert und gemessen. Dieses Problem ist von großer Aktualität. So bestand die größte Schwierigkeit einer 2007 veröffentlichten Analyse von in vierzig Jahren durchgeführten Studien zur Mediengewalt in der Vielzahl der Gewaltdefinitionen, die miteinander kaum vergleichbar waren.

Bei der Messung von Aggression/Gewalt kommt es darauf an, inwieweit diese gültig (valide) ist. Es muss gefragt werden, ob ein bestimmtes Verfahren tatsächlich das misst, was es zu messen beansprucht. Es geht um die materielle Richtigkeit eines Forschungsbefundes, die bei vielen Messverfahren bezweifelt werden kann, denn die Operationalisierung von Gewalt – also die Umsetzung von Definitionen in Handlungsanweisungen – ist oft recht eigenwillig. So erhielten Kinder Puppen zum spielen, die sich auf Knopfdruck gegenseitig schlagen können. Je häufiger dies erfolgte, desto größer war demnach die Aggression. Auch das

© Springer Fachmedien Wiesbaden GmbH 2017
M. Kunczik, *Medien und Gewalt*, essentials,
DOI 10.1007/978-3-658-16543-7_3

Zerplatzenlassen von Luftballons ist zur Messung medienbewirkter Aggression genutzt worden. Berühmt geworden sind sich immer wieder selbst aufrichtende große Clownpuppen (Bobo-Dolls), die von Kindergartenkindern nach dem Konsum von Mediengewalt ‚angegriffen' werden konnten. Während in diesen Studien die Forscher aufgrund der durch Mediengewalt bewirkten angeblichen Aggressivität den Untergang des Abendlandes kommen sahen, hatten die intensiv spielenden Kinder lediglich großen Spaß mit der Puppe. Zur Gewaltmessung wurde auch die Verabreichung unterschiedlicher Mengen scharfer Sauce genutzt (‚Chili-Indikator'): Je schärfer die Sauce war als desto aggressiver wurde der die Sauce verteilende Proband angesehen (über das Verhalten der ‚Saucenopfer' wird nichts berichtet). Auch die Dauer des Eintauchens der Hand eines anderen in Eiswasser diente als Gewaltmaß.

Allerdings gibt es ein eindeutig anerkanntes Messverfahren für Aggression nicht. Häufig werden je nach Verfahren unterschiedliche Ergebnisse erhalten, In einigen Studien zur Wirkung von Mediengewalt ist Gewalt/Aggressivität sehr realitätsnah mit Befragungsdaten, die auch tatsächlich ausgeübte Gewalt berücksichtigten, gemessen worden. So wurden in einer in London mit Schülern durchgeführten Studie als Beispiele für Gewalt u. a. folgende Aussagen angeführt: Ich habe in letzter Zeit eine Vergewaltigung versucht. Ich habe eine glühende Zigarette auf der Brust eines anderen Jungen ausgedrückt. Ich habe absichtlich kräftig in die Genitalien eines anderen Jungen getreten. Ich habe den Kopf eines anderen heftig gegen die Wand gestoßen.

Neben der Gültigkeit eines Messverfahrens ist auch dessen Zuverlässigkeit (Reliabilität) von entscheidender Bedeutung. Es geht dabei um die formale Genauigkeit eines Forschungsinstruments. Dies betrifft die Übereinstimmung der Resultate bei wiederholter Anwendungen eines bestimmten Instruments zur Aggressionsmessung auf den gleichen ‚Gegenstand'. Es dürfen also nicht jedes Mal andere Ergebnisse erhalten werden, sondern die Resultate müssen im Idealfall identisch sein.

Wirkung bezeichnet die direkten und indirekten Folgen des Medienkonsums auf Wissen, Denken, Meinungen, Einstellungen, Gefühle und Verhalten sowohl auf individueller Ebene als auch bei Gruppen. Wirkungen können auch auf dem Niveau von Organisationen und der Gesamtgesellschaft sowie ihrer Subsysteme (z. B. Politik, Wirtschaft, Bildung; Militär usw.) auftreten. Im Folgenden liegt der Schwerpunkt auf Individuen und Gruppen, wobei aber selbst bei dieser Beschränkung hier nicht alle Wirkungen berücksichtigt werden können. Dies betrifft z. B. Politiker, die Mediengewalt als Sündenbock nutzen können, um vom eigenen Versagen abzulenken, um Aufmerksamkeit zu gewinnen oder aber um politische

Ziele, wie etwa die Bekämpfung der Pressefreiheit, durchzusetzen. Auf letzteres hat bereits 1926 Thomas Mann verwiesen, der am Aufruf gegen das „Schund-und-Schmutz-Gesetz" beteiligt war: „Wir rufen auf, die Geistesfreiheit in Deutschland zu schützen. Die Regierung hat in aller Stille ein Gesetz vorbereitet, das vorgibt die Jugend zu bewahren. Es maskiert sich als Gesetz gegen Schmutz und Schund. Hinter dem Gesetz verstecken sich die Feinde von Bildung, Freiheit und Entwicklung."

Makrowirkungen von Mediengewalt wie etwa die Begünstigung der Einrichtung des Faches Medienpädagogik an Universitäten und Schulen oder die Beschäftigung von Jungakademikern in der Medien-und-Gewalt-Forschung werden im Folgenden nicht diskutiert. Lediglich auf wirtschaftliche Aspekte wird verwiesen.

Nicht oft genug kann betont werden: Von der Forschung eindeutig abgesichert ist, dass nicht direkt vom Inhalt auf die Wirkung geschlossen werden kann. Die Behauptung, die Wirkung von Mediengewalt sei für alle Zuschauer gleich, ist falsch. Identische Mediengewalt wird von verschiedenen Zuschauern (z. B. je nach Alter, Geschlecht, Bildung usw.) unterschiedlich wahrgenommen und bewertet sowie mit unterschiedlicher Aufmerksamkeit verfolgt. Diese Wahrnehmungsaspekte berücksichtigt die *funktionale Inhaltsanalyse* (Früh). Mediengewalt sind demnach Inhalte, die von Rezipienten als Gewalt wahrgenommenen werden. So wird ‚aggressives Verhalten' in *Mantel-und-Degen-Filmen* (etwa in *Die Drei Musketiere*) oder *Western* zwar von Inhaltsanalytikern oft als Gewalt erfasst, von den Rezipienten aber häufig gar nicht als Gewalt wahrgenommen, denn Fechten und Schießen gehören einfach zur Handlung. Wenn die Rezipienten keine Gewalt wahrnehmen, aber die jeden Schuss oder Degenstoß als Gewalt erfassenden Inhaltsanalytiker ein großes Ausmaß aufzufinden glauben, dann liegt wohl keine Basis vor, um angemessen über die Wirkung von Mediengewalt diskutieren zu können. Die *funktionale Inhaltsanalyse* ermöglicht es demgegenüber, auf der Grundlage von Wahrnehmungen Wirkungen zu prognostizieren.

Herausgefunden worden ist, dass reale, direkt dargestellte Gewalt als gewalthaltiger eingestuft wird als fiktionale Gewalt. Dies gilt auch für Gewalt gegen Personen im Vergleich zu Gewalt gegen Sachen. Gewalt kann direkt gezeigt werden oder aber es wird nur über sie berichtet. Für eventuelle Wirkungen ist der Realitätsbezug von Gewalt ebenso wichtig wie deren Legitimität. So wird legitime Gewalt (etwa der Polizei) von vielen Zuschauern oft gar nicht als Gewalt wahrgenommen. Auch die Darstellung von Gewalt als humorvoll oder nicht ist wirkungsrelevant. In Deutschland wurde festgestellt, dass Frauen mehr Gewalt als Männer in den Medien wahrnehmen. Ferner haben Frauen bei Gewalt in

Nachrichten mehr Ängste als Männer. Ältere nehmen mehr Gewalt als Jüngere wahr und stufen sie als angsterregender ein. So nimmt das ZDF-Publikum, das älter ist als das von SAT.1 oder RTL, mehr Gewalt wahr als das jüngere Publikum der Privatsender. Der Bildungsstand spielt für die Gewaltwahrnehmung kaum eine Rolle. Nochmals sei betont: Das berühmte ‚Leichenzählen‘ sagt nichts über Wirkungen von Mediengewalt aus. Entscheidend ist, was als Gewalt wahrgenommen wird.

Die Auswirkungen von Mediengewalt hängen von folgenden drei Faktoren ab:

- Der Quantität und Qualität der Gewalt, z. B. dramaturgische Gestaltung, Realitätsnähe, Handlungskontext, Art der Gewalt (physisch vs. psychisch);
- der Persönlichkeit der Rezipienten, z. B. Alter, Geschlecht, Intelligenz, Aggressivität, Schichtzugehörigkeit, Familiensituation, Einbettung in Gleichaltrigengruppen usw.;
- der Situation der Mediengewaltnutzung, z. B. die künstliche Situation eines psychologischen Laboratoriums oder die gewohnte Umgebung mit vielen Unterbrechungen und anderen Einflüssen.

Wenn nach den Wirkungen von Mediengewalt gefragt wird, geht es darum, welche Wirkungen (z. B. Angst, Aggression usw.), in welchen Situationen, bei welchen Zuschauern auftreten. Entscheidend ist, was die Rezipienten mit der Mediengewalt machen. Bereits seit den 1930er Jahren wird darauf verwiesen, dass die Wirkung von Mediengewalt nicht nur vom Inhalt abhängt, sondern auch von den Persönlichkeiten der Rezipienten und deren sozialer Einbettung.

Zur Erfassung der Quantität und Qualität von Mediengewalt steht mit der systematischen quantitativen und qualitativen Inhaltsanalyse eine Methode zur Verfügung, wobei aber das Ausmaß der festgestellten Gewalt je nach der Gewaltdefinition erheblich variiert. Wird auf die Absicht der Schädigung als entscheidendes Merkmal verzichtet und für das Vorliegen von Gewalt nur auf den Schaden gesehen, steigt das Ausmaß der Gewalt erheblich an, denn jedes schädigende Verhalten ist dann Gewalt. Slapstick-Aktionen, Unfälle, Naturkatastrophen und Comic-„Gewalt“ werden dann als Gewalt erfasst. Die berühmte Torte im Gesicht, „Gewaltakte“ von Donald Duck, Dick und Doof oder Tom und Jerry, Autounfälle, Unwetterkatastrophen, Erdbeben, Feuersbrünste usw. werden auf ein Niveau mit kaltblütigem Mord gesetzt. Das ist – vorsichtig formuliert – ein zweifelhaftes Verfahren. Auch wird Gewalt als beabsichtigte Schädigung anders wahrgenommen und bewertet als die absichtslose Schädigung anderer, d. h. es handelt sich für die Rezipienten um verschiedene Phänomene.

Selbst nebensächlich erscheinende Aspekte der Operationalisierung von Gewaltakten sind in Inhaltsanalysen für das Ausmaß der aufgefundenen Mediengewalt bedeutsam. So ist es wichtig; wie Beginn und Ende eines Gewaltaktes festgelegt werden. Bei einer typischen Saloon-Schlägerei in einem Western kommen einige Inhaltsanalytiker mit dem Zählen der Gewaltakte kaum hinterher, wenn etwa wenn jede Änderung der an einer Gewalttat beteiligten Protagonisten, der eingesetzten Waffen oder des verfolgten Ziels einen neuen, separat zu erfassenden Gewaltakt beginnen lässt. Andere Inhaltsanalytiker sehen in der Schlägerei nur einen einzigen Gewaltakt. Diese auf den ersten Blick banal erscheinenden Unterschiede haben u. U. erhebliche medienpolitische Konsequenzen. Fernsehsender, die die zweite Variante bevorzugen, haben die damit erhaltenen Ergebnisse genutzt, um darauf zu verweisen, dass es gar nicht so viel Mediengewalt gibt. Irgendwelche Eingriffe oder Begrenzungen seien nicht nötig. Die Anhänger des zuerst erwähnten Vorgehens haben hingegen mit ihren Befunden auf das riesige Ausmaß von Mediengewalt verwiesen, gegen die unbedingt medienpolitisch (z. B. durch Zensur) vorzugehen sei.

Auch entstehen ähnliche Gewaltakte aus unterschiedlichen Konfliktkonstellationen. Ein Schuss kann der Selbstverteidigung dienen oder einen hinterhältigen Mord bewirken. Nochmals sei betont: Die Quantität der Gewalt, z. B. die Anzahl der Schüsse pro Stunde oder die Anzahl der Leichen, ist, abgesehen vom Gesichtspunkt des repetitiven Zeigens, für die zu erwartende Wirkung nicht entscheidend, denn zwischen der Quantität der Gewaltakte und dem Ausmaß der von verschiedenen Rezipienten wahrgenommenen Gewalt besteht kein konsistenter Zusammenhang. Die Menge wird aber dann bedeutsam, wenn Gewalt (z. B. im Fernsehen) in praktisch jeder Unterhaltungssendung auftaucht und als normales Handeln gezeigt wird.

Die Ergebnisse der inhaltsanalytischen Studien von Fernsehgewalt lassen sich folgendermaßen zusammenfassen (diese Befunde gelten mit Einschränkungen auch für Filme, aber nicht (!) für Computerspiele, denn während die Film- und Fernsehinhalte vorgegeben sind, konstruieren sich unterschiedliche Spieler jeweils verschiedene Computer-Realitäten):

1. Strukturelle Gewalt (soziale Ungerechtigkeit) hat nur geringe Bedeutung. Gewalt wird nahezu ausschließlich in Verbindung mit Einzelschicksalen gezeigt. Gewaltdarstellungen sind personenorientiert. Erfolg oder Misserfolg bei der Erreichung angestrebter Ziele (z. B. Wohlstand, Macht, Prestige, Gerechtigkeit usw.) sind vom Einzelnen abhängig.

2. Gewalt ist typischerweise mit der maskulinen Rolle verknüpft. Die bei weitem gewalttätigsten Protagonisten sind unverheiratete Männer mittleren Alters. Weibliche aggressive Protagonisten sind im Vergleich zu männlichen Akteuren deutlich unterrepräsentiert. In der Regel sind 30- bis 40-jährige aggressive, dynamische Männer von schönen, sanften, 20- bis 30-jährigen Frauen umgeben. Allerdings hat sich das Bild der Frau in letzter Zeit gewandelt. Nach den Befunden einiger Studien sind inzwischen in einzelnen Fernsehsendungen Frauen so aggressiv wie Männer.

3. Mediengewalt ereignet sich typischerweise zwischen einander fremden Protagonisten. Das ist unrealistisch. In der Realität findet Gewalt zumeist nicht zwischen Fremden statt, sondern ist das Ergebnis von Interaktionen einander kennender Individuen (z. B. in Familien).

4. Die Darstellung von Gewaltakten ist extrem unrealistisch. Zwar kann Gewalt zum Tod des Opfers führen, aber Leiden, Blut und Wunden werden (außer in ostasiatischen Produktionen) selten gezeigt. Auch stirbt in der Fernsehunterhaltung nur selten jemand eines natürlichen Todes.

5. Gewalt wird als erfolgreiches Instrument zur Zielerreichung bzw. Konfliktlösung dargestellt. Dies ist für die Wirkung wichtig, da erfolgreiche Modelle eher nachgeahmt werden als erfolglose. Wenn ein gewalttätiger ‚negativer‘ Hauptakteur bestraft wird, geschieht dies zumeist am Ende einer Filmhandlung, nachdem vorher Gewalt häufig erfolgreich eingesetzt worden ist. Der Rezipient kann daraus die Regel ableiten, dass Gewalt erfolgreich ist und man den zur Bestrafung führenden Fehler vermeiden muss. Gewaltopfer sind typischerweise Nebenakteure, die als Identifikationsobjekte eine untergeordnete Rolle spielen und deren Einfluss auf die Zuschauer damit eher gering ist. Allerdings ist auf *negatives Lernen* zu verweisen (vgl. Kap. 5).

6. Gewalt wird regelmäßig auch von den Vertretern von Recht und Ordnung ausgeübt, um Gesetze durchzusetzen. Polizisten und Privatdetektive repräsentieren dabei oft die Werte einer heilen und intakten Welt in einer heruntergekommenen, morbiden Umgebung. Dabei werden sie, den Fernseh-Ärzten durchaus vergleichbar, vielfach zu „Übermenschen“. Personen, die aus Gesetzestreue aggressiv werden, haben in der Regel nichts zu befürchten. Sie sind zwar gefährdet, überstehen aber in der Regel alle Gefahren. Demgegenüber sind egoistische Ziele verfolgende Protagonisten (Verbrecher) zwar kurzfristig erfolgreich, stehen am Ende aber in der Regel als Verlierer da.

7. Bei Gewaltakten anwesende Zeugen versuchen nicht zu schlichten oder zu helfen, sondern bleiben passiv. Nicht-Aggressivität ist keine Garantie für Sicherheit, denn auch friedliche Personen werden angegriffen.

Zusammengefasst gilt: Fernseh- und Filmgewalt ist mit der maskulinen Rolle verbunden und wird zwischen Fremden ausgeübt. Gewalt kann für das Opfer zwar tödlich sein, ist aber nur selten schmerzhaft. Gewalt dient in vielen Sequenzen erfolgreich zur Erreichung von Zielen und zur Konfliktlösung. Erst am Ende werden die ‚Bösen' bestraft. Gewalt ist normales Alltagsverhalten, das auch Menschen ohne moralische Makel ohne Skrupel anwenden. Mit Gewalt werden positiv bewertete Ziele wie Wohlstand, Macht, Prestige und Gerechtigkeit erreicht.

Historische Aspekte der Diskussion um Mediengewalt

4

Bei den Diskussionen um mögliche Auswirkungen der jeweils Neuen Medien sind zunächst immer auch negative Auswirkungen vermutet worden (nur für die Höhlenmalerei kann dies nicht dokumentiert werden). Die Zeiten vor der Einführung eines Neuen Mediums wurden und werden gern als ‚Gute Alte Zeit' verklärt. Bereits bei der Erfindung der Schrift wurden negative Auswirkungen auf den Intellekt bzw. die Gedächtnisleistung der Jugend befürchtet, da nunmehr alles aufgeschrieben werden konnte, musste es nicht mehr gelernt werden.

Horrorgeschichten wurden bereits in prähistorischen Zeiten erzählt. Es gibt Höhlenmalereien, die Monsterwesen zeigen. Die antiken Götter waren auch nicht sehr friedliebend. Homers *Odyssee*, ohne Zweifel ein Kulturgut ersten Ranges, enthält grauenhafte Detailschilderungen von Gewalt, wie sie noch heute nicht im Fernsehen gezeigt werden. Bereits Platon wollte Kinder vor Märchen schützen aus denen sie Vorstellungen erlernen konnten, die sie als Erwachsene nicht haben sollten. Deshalb sollten Dichter von Märchen und Sagen beaufsichtigt (zensiert) werden. Nur „gute Märchen" sollten erlaubt werden. Unklar war, wer an Hand welcher Kriterien die „Güte" beurteilen sollte. Aristoteles, ein Schüler Platons, bezog die Gegenposition und vertrat die *Katharsisthese* (vgl. Kap. 5), die noch heute in der Medien-und-Gewalt-Forschung vertreten wird: Auf Mediengewalt bezogen soll demnach Aggression in unschädlicher Weise abgeleitet werden.

Auch die große Beliebtheit der Beobachtung von Gewalt wurde bereits vor langer Zeit diskutiert. Augustinus fragte in *Bekenntnisse,* weshalb so viele Menschen am schauerlichen Anblick eines zerfleischten Leichnams Vergnügen hätten? Lukrez meinte in *De Rerum Natura,* ein Kampf auf Leben und Tod sei aus der Ferne angenehm zu beobachten, wenn man selbst ungefährdet sei. Dies wusste auch Goethe. In *Faust* betont ein Bürger, es gebe nichts Besseres als ein Gespräch über weit entfernte Kriege (z. B. in der Türkei). Auf die Attraktivität von Gewalt

© Springer Fachmedien Wiesbaden GmbH 2017
M. Kunczik, *Medien und Gewalt,* essentials,
DOI 10.1007/978-3-658-16543-7_4

setzte das (englische) Theater, das auch als Brutstätte des Verbrechens gesehen wurde, weil so viele Menschen erdolcht, vergiftet und gefoltert wurden. Am Ende einer Tragödie war die Bühne mit Leichen bedeckt. Bei Shakespeare etwa besteht an Gewalt kein Mangel. Nachahmungstaten (Königsmord) wurden befürchtet und einige Stücke waren noch im 20. Jahrhundert verboten (*Hamlet* und *Macbeth* im Iran). Wegen befürchteter Nachahmungstaten hatte auch Giuseppe Verdi Schwierigkeiten mit seiner Oper *Maskenball*. Richard Wagners *Ring der Nibelungen* ist eine Häufung von Verbrechen wie Mord, Brandstiftung, Unterschlagung, Inzest und Einschläferung. Bezogen auf das deutsche Strafrecht hat ein Journalist ausgerechnet, dass die Sänger aus dem Kittchen gar nicht mehr herauskommen würden: fünfmal lebenslänglich Zuchthaus und 90 Jahre Freiheitsentzug.

Während Morde und Gewalt bei Shakespeare, Homer oder im Nibelungenring als Bestandteil eines Bildungsgutes angesehen werden, sind sie in Fernsehserien oder Computerspielen für viele Menschen Ausgeburten niederer Massenkultur, auf die der Kulturkritiker nur mit Abscheu blicken kann. Es gilt als.

Faustregel: Je länger ein Autor tot ist, desto höher ist die Chance, dass Gewalt als Kunst interpretiert wird. Abgesehen davon, ist Gewalt schon immer Gegenstand künstlerischer Tätigkeit (z. B. von Malern) gewesen. Im Übrigen ist selbst Goethe wegen der befürchteten Nachahmung von Gewalt (Selbstmord) in einigen Ländern verboten gewesen (*Die Leiden des jungen Werther;* vgl. Kap. 5).

Der erste Schauerroman *(Gothic Novel)* wurde 1764 von Horace Walpole veröffentlicht: *The Castle of Otranto.* Der Schauerroman *The Monk* von Matthew Gregory Lewis bestand fast ausschließlich aus Szenen voller Sadismus und Gräueln und war ein sensationeller Erfolg. Die große Bedeutung von Gewalt in der Literatur zu Beginn des 19. Jahrhunderts belegt eine Meldung im *Hallescher Kurier* vom 3. Mai 1804: „Zur jezzigen Leipziger Messe hat mans auf 843 neue Bücher gebracht, worunter sich 275 Romane und 25 Räuber- und Mordgeschichten befinden." 1897 veröffentlichte Abraham („Bram") Stoker *Dracula,* den bekannten oft verfilmten Horroroman. Auch die Wissenschaft wurde zum Gruselobjekt. 1818 schrieb Mary Shelley *Frankenstein.* Die Zeitungsberichterstattung (z. B. *The Illustrated Police News*) über grauenvolle Gewaltakte (barbarische Morde, Selbstmorde, Hinrichtungen, Leichen- und Skelettfunde usw.) ist im Victorianischen Zeitalter enorm angestiegen. Die Berichterstattung über Morde, die damals ausgesprochen selten waren, ist eine ‚Erfindung‘ des 19. Jahrhunderts. Besonders Berichte über grausame, blutige und skurrille Morde waren als sensationelle Unterhaltung beliebt. *Jack the Ripper* ist noch heute bekannt.

Die Berichterstattung über reale Gewalt und Kriege, auf letztere wird hier nicht weiter eingegangen, ist immer ein wichtiges Nachrichtenthema in Zeitungen gewesen. Bereits 1695 entwickelte Kaspar Stieler in *Zeitungs Lust und Nutz* die noch heute zentrale *Theorie des Lernens durch Beobachtung*. Nach Stieler wurde in Zeitungen „[…] oft von einem verübten Bubenstücke berichtet und die Art und Weise, wie solches angefangen und vollendet sey, so ümständlich beschrieben, daß, wer zum Bösen geneiget, daraus völligen Unterricht haben kan, dergleichen auch vorzunehmen." Diese Theorie wurde in den 1960er Jahren in der Medien-und-Gewaltforschung wieder populär (besser: nochmals erfunden von Bandura). Stieler ging sogar auf die Frage nach der kausalen Verursachung von Verbrechen durch Medien ein: „Aber was können die Zeitungen an und vor sich selbst darzu?" Stieler argumentierte sehr geschickt: „Die Heilige Schrift ist je voll von Exempeln der Blutschande, des Ehebruchs, des Diebstals und anderer vielen Laster mehr, sie setzet aber auch darzu die Strafe zur Warnung: Gleich wie die Zeitungen nicht ermangeln bald die genaue aufsuchung und nachfrage, bald die aller schärffste Rache der Obrigkeit und einen elenden Ausgang solcher Leute Verbrechen anzufügen." Das ist eine Vorwegnahme der Gestaltungsprinzipien gewalthaltiger Fernsehunterhaltung im deutschen Fernsehen: Um unerwünschte Lerneffekte zu verhindern, wird am Ende der ‚böse' Täter bestraft.

Eine neue Qualität bekam die Gewaltdiskussion durch die Erfindung des Kinematografen 1894. Sofort wurde die Wirkung von *Schundfilms* diskutiert. In Deutschland entstanden Vereinigungen, die sich dem Kampf gegen derartige Machwerke widmeten, weil man (so Albert Hellwig 1911 in *Schundfilms – ihr Wesen, ihre Gefahren und ihre Bekämpfung*) glaubte, dass „häufiges Anschauen von Schundfilms mit fast mathematischer Sicherheit zu einer Verrohung des Jugendlichen führen muß." Als Beweis dienten u. a. die jugendlichen Arbeiter Sogoll, Bauer und Krüger aus Eickel, die eifrige Besucher des Kinematografentheaters waren, wo sie sahen, wie raffinierte Verbrecher Überfälle auf Damen ausführten. Das Unheil nahm seinen Lauf: „Die Bilder übten einen solchen unheilvollen Einfluß namentlich auf Sogoll aus, daß er Lust am Räuberleben bekam und seine Mitangeklagten zu Überfällen anstiftete. Am Nachmittag des 7. Februars überfiel Sogoll zu Wanne eine Dame und entriß ihr gewaltsam das Handtäschchen."

Bereits vor dem Ersten Weltkrieg wurde auf die Unmöglichkeit verwiesen, den Zusammenhang zwischen Schundfilms und verstärkter Rohheit eindeutig nachzuweisen, aber befürchtet wurde, dass Filme unschuldige Seelen vergiften und den Bazillus von Laster und Verbrechen in anständige Häuser tragen würden. Gegen ‚Schundfilms' sollten polizeiliche Repressionen helfen. 1908 wurde etwa vom Kölner Polizeipräsidenten eine Verfügung gegen die Darstellung von Verbrechen im Kinematografen erlassen. Das Königlich Sächsische Ministerium des Inneren verordnete am 24. November 1906, die Vorführung kinematografischer Bilder sei nur nach einer Unbedenklichkeitserklärung seitens der Polizeibehörden zu gestatten.

Auch die *Reizüberflutungsthese,* wonach sich Rezipienten zunehmend an Gewaltinhalte gewöhnen, wurde schon vor dem Ersten Weltkrieg vertreten. Um wirtschaftlich erfolgreich zu sein, müssten die Inhalte immer gewalthaltiger werden, um das Publikum anzulocken. Die ‚Kienschundfabrikanten‘ machten, so argumentierten Kritiker, das Geschäft und beuteten das Publikum aus, dessen „Schaulust, Sensationslüsternheit und Empfänglichkeit für erotische Stimulantia der Kientopp-Unternehmer spekulativ in Rechnung stellt, und auf deren kontinuierliche Steigerung er deswegen eifrig bedacht ist." Angesichts des kommerziellen Erfolges der Filmgewalt stellte 1913 ein Journalist die Frage: *„Will denn das Volk den Schund?"* Die Antwort war ein schlichtes Ja! Dabei wirkte der Kinematograf doch schädlich und nerven zerstörend, und es bestand unter Experten kein Zweifel, „daß der Kino, in dem Kinder und Halberwachsene immer mehr zu Hause werden, eine ernste Gefahr darstellt"

Bereits in Bezug auf die Stummfilmgewalt wurde ausgesprochen ‚modern‘ argumentiert und betont, dass Jugendliche Filme anders wahrnehmen als Erwachsene. Geschlechtsspezifische Unterschiede wurden schon 1912 in einem klugen Aufsatz *Gegen die Frauenverblödung im Kino* (Grempe) betont:

> Nachweislich wirkt das bewegliche Lichtbild mit seinen eindringlichen Darstellungen außerordentlich nachhaltig auf jeden, sogar auf Männer. Manch ein Besucher ist schon bei aufregenden Szenenreihen ohnmächtig geworden. Angesichts der größeren seelischen Erregbarkeit, dem Vorwiegen des Gefühlslebens bei der Frau, müssen die lebenden Lichtbilder auf sie noch viel stärker wirken als auf den Mann. Wer sich die Mühe macht, im Kino die andächtig schauenden Frauen aufmerksam zu beobachten, der wird den unverwischbaren Eindruck mit nach Hause nehmen, daß viele Besucherinnen unwiderstehlich gepackt, ja bis in die Tiefen ihrer Seele aufgewühlt werden.

Auch auf gesamtgesellschaftliche Wirkungen von Stummfilmgewalt wurde verwiesen. Es werde ein ‚falsches Bewusstsein‘ geschaffen und die bestehende auf Ausbeutung basierende ungerechte soziale Ordnung werde nicht in Frage gestellt, weil die Menschen durch Mediengewalt von den wichtigen gesellschaftlichen Problemen abgelenkt werden würden. Gewalt im Kino ermögliche die Flucht aus der Trostlosigkeit des Alltags (*Eskapismusthese;* d. h. *Wirklichkeitsflucht*) und verhindere damit, dass Bemühungen zur Änderung des Systems in Angriff genommen werden würden.

Nur eine kleine Minderheit von Autoren schätzte in der Zeit vor dem Ausbruch des Ersten Weltkrieges die Wirkung von Mediengewalt positiv ein. So sah der Arzt und Schriftsteller Alfred Döblin *(Berlin Alexanderplatz)* in Filmen „mit einem Dutzend Leichen und grauenvolle(n) Verbrecherjagden" „ein vorzügliches Mittel gegen den Alkoholismus, schärfste Konkurrenz der Sechserdestillen". Nach Döblin solle man untersuchen, „ob die Lebercirrhose und die Geburten epileptischer Kinder nicht in den nächsten zehn Jahren zurückgehen."

Durch Gewaltfilme ausgelöste Ängste wurden bereits in den 1920er Jahren diskutiert. Kinder hätten schlaflose Nächte. Es komme zu fieberhaften Nervenkrankheiten. Besonders der Film *Nosferatu* führe auch bei Erwachsenen zu Zwangsvorstellungen. Das Medium Film hatte aufgrund der vielen Gewaltdarstellungen in Deutschland bei der Industrie ein sehr negatives Image. Deshalb gab es lange Zeit in Deutschland kaum Industriefilme und Filme zur Werbung und Öffentlichkeitsarbeit. Man wollte nicht mit diesem „schmierigen" Medium in Verbindung gebracht werden. Auch die Gewalt im Radio und in Comics wurde intensiv angegriffen. Eine vollkommen neue Dimension erreichte die Medien-und-Gewalt-Diskussion aber nachdem sich das Fernsehen durchgesetzt hatte.

Wirkungen von Mediengewalt: Theorien, Befunde und Problemgruppenanalysen

5

Die von Aristoteles stammende *Katharsisthese* stellt neben Platons Überlegungen zum Lernen aus Märchen und Sagen die älteste Erklärung der Wirkungen von Mediengewalt dar. Das Mitvollziehen beobachteter Gewalt in der Phantasie soll demnach eine für andere unschädliche Abfuhr von Aggression ermöglichen. Die *Katharsisthese* ist zwar von der Forschung eindeutig widerlegt worden, damit aber keineswegs aus der Diskussion verschwunden. Sie spielt vielmehr bei der der Analyse der Wirkungen von Computerspielgewalt noch immer eine Rolle. Im Übrigen wurde in Untersuchungen festgestellt, dass Nutzer von Mediengewalt, die von der Wirkung kathartischer Prozesse überzeugt sind und glauben, dadurch ‚friedlicher' zu werden, nach dem Konsum von Mediengewalt oft aggressiver waren als diejenigen, die nicht an einen Aggressionstriebabfluss glauben. Die Nutzung von Mediengewalt wurde zwar als aggressivitätsreduzierend eingeschätzt, wirkte aber offensichtlich aggressionsverstärkend. Abgesehen davon kann eine nach dem Konsum von Mediengewalt eventuell festgestellte Aggressivitätsreduktion auch die Folge von Aggressionshemmungen sein *(Inhibitionsthese)*.

Die *Katharsisthese* ist (wie auch die *These der Wirkungslosigkeit*) oft mit wirtschaftlichen Interessen verbunden. Sie gestattet es Personen bzw. Organisationen, die Mediengewalt produzieren bzw. verbreiten (Schauspieler, Regisseure, Produzenten, Fernsehanstalten usw.), zu behaupten, durch die Ermöglichung ungefährlichen Aggressionsabbaus etwas für die Gesellschaft Positives zu leisten. So argumentierte der Regisseur Sergio Corbucci, der Erfolg seiner Italo-Western (z. B. *Django, Leichen pflastern seinen Weg*) basiere auf der Notwendigkeit, sich von Aggressionstrieb befreien zu müssen. Die Beliebtheit der *Katharsisthese* ist auch dadurch zu erklären, dass sie z. B. von Sigmund Freud oder dem Verhaltensforscher und Nobelpreisträger Konrad Lorenz vertreten worden ist.

© Springer Fachmedien Wiesbaden GmbH 2017
M. Kunczik, *Medien und Gewalt*, essentials,
DOI 10.1007/978-3-658-16543-7_5

Auch die *These der Wirkungslosigkeit* von Mediengewalt, die auch der Verfasser der vorliegenden Publikation aufgrund der damals vorliegenden Forschungsbefunde in den 1970er und 1980er Jahren vertreten hatte, ist von der Forschung eindeutig widerlegt. Mediengewalt kann zum Aufbau und/oder zur Stabilisierung aggressiver Persönlichkeitsstrukturen beitragen, wenn Gewalt als attraktiv dargestellt und intensiv konsumiert wird.

Die *Suggestionsthese* behauptet direkte Nachahmungseffekte, die bisher vor allem in drei Bereichen untersucht worden sind, nämlich 1) bei Morden, Massenmorden und Amokläufen, 2) bei fremdenfeindlichen Straftaten sowie 3) bei Selbstmorden (*Werther-Effekt* – benannt nach Goethes *Die Leiden des jungen Werther* – das seinerzeit in einigen Ländern verbotene Buch soll die Nachahmung von Selbsttötungen ausgelöst haben). Für alle drei Bereiche konnten Nachahmungstaten nachgewiesen werden. Selbstmorde bildeten dabei den Forschungsschwerpunkt, wobei sich u. a. zeigte, dass eine zurückhaltende Medienberichterstattung, die keine Identifikation mit Selbstmördern und deren Problemen gestattet, negative Auswirkungen verhindern kann. Die Auslösung von Selbstmorden durch Medien wurde bereits im 19. Jahrhundert befürchtet, wobei auch der ‚Deutsche Klassiker an sich‘ als Übeltäter angesehen worden ist. Medizinprofessor Osiander aus Göttingen meinte 1813 in *Über den Selbstmord* zum Doppelselbstmord von Heinrich von Kleist und seiner Freundin Henriette Vogel, der Entschluss zum Selbstmord sei durch das Lesen der „Götheschen Wahlverwandtschaften" bestärkt worden. Auch hätten die giftigen Leiden eines jungen Werthers manchem Brausekopf das Gehirn verbrannt und die letzten Funken von Moralität ausgelöscht. Osiander plädierte für Zensur, denn in den „Leiden des verrückten Werthers" sei der Selbstmord „als eine Heldenthat oder eine Handlung eines großen Genies dargestellt." (Nur in Paranthese sei erwähnt, dass Napoleon ein großer Bewunderer dieses Buches war, das er auf Feldzüge mitgenommen hat und über das er mit Goethe diskutierte.)

Langfristige Wirkungen in Form einer Abstumpfung gegenüber und einer Gewöhnung an Gewalt behauptet die *Habitualisierungsthese*. Die Befunde sind zwar nicht eindeutig, aber eine durch Mediengewalt bewirkte Desensibilisierung gegenüber Gewalt erfolgt zweifellos häufig. Es muss aber noch genauer untersucht werden, ob und wann Mediengewalt eine abnehmende Fähigkeit zur Empathie im realen Leben bewirkt, die dann dazu führt, dass 1) Gewalt als normales Alltagsverhalten und geeignetes Konfliktlösungsinstrument angesehen wird, 2) die Toleranz gegenüber Gewalt steigt und 3) die Hemmschwelle für Gewaltanwendung sinkt.

Die *Kultivierungsthese* unterstellt, dass die intensive Nutzung bestimmter Medien (z. B. des Fernsehens) zur Übernahme der dargestellten Weltbilder führt, was u. a. die Formen der Konfliktlösung, aber auch Geschlechtsrollenvorstellungen oder Ernährungsweisen betreffen kann. Gewaltdarstellungen können Kriminalitätsfurcht ebenso bewirken wie die Vorstellung aufbauen, Gewalt sei die normale Form der Konfliktlösung. Der Zusammenhang zwischen Gewaltfurcht und hohem Fernsehgewaltkonsum ist noch nicht eindeutig geklärt. So kann hoher Fernsehkonsum Angst bewirken. Umgekehrt können ängstliche Menschen den vermeintlichen oder tatsächlichen Gefahren der Welt entfliehen, indem sie viel fernsehen *(Eskapismus)*. Die *Kultivierungsthese* wurde mehrfach abgeändert; so wurden u. a. eigene Erfahrungen als Verbrechensopfer und die Art der Inhalte (Krimi, Western, Horrorfilm usw.) berücksichtigt. Mediengewalt kann *Angstreaktionen* auslösen, wobei die Wahrnehmung eines Inhalts eindeutig wichtiger ist als der inhaltsanalytisch erfasste ‚objektive‘ Gewaltgehalt. Kinder werden je nach Entwicklungsstand und Erfahrung von angeblich kindgerechten Filmen wie *König der Löwen* oder *Bambi* mehr geängstigt (Verlust der Eltern) als etwa von Gewaltszenen in Western.

Nach der *Erregungstransfer-These* lösen Medieninhalte (Gewalt, Sport, Erotik, Humor usw.) allgemeine emotionale Erregungszustände aus, welche die Intensität nachfolgenden Verhaltens erhöhen. Um welches Verhalten es sich handelt, hängt dabei von der Situation ab und steht mit der Art der gesehenen Inhalte in keinem Zusammenhang. Erotische Inhalte können also u. U. gewalttätiges Verhalten verstärken und durch Mediengewalt bewirkte Erregung prosoziale Handlungen intensivieren. Die These bezieht sich auf kurzfristige Effekte. Das Phänomen, dass Mediengewalt prosoziales Verhalten (z. B. intensiveres Helfen) auslöst, wird als *Umkehreffekt* oder *Bumerangeffekt* bezeichnet. Festgestellt wurde dieser Effekt in Deutschland vor allem bei Mädchen und bei Rezipienten, die Gewalt generell stark ablehnen.

Den Erregungszustand und Situationsfaktoren berücksichtigt auch die *Stimulationsthese*. Demnach begünstigen Gewaltdarstellungen aggressives Verhalten besonders dann, wenn Zuschauer emotional erregt sind und bei der Darstellung von Gewalt in den Medien Stimuli (Auslösereize) vorliegen, die (z. B. durch Ähnlichkeit des Namens oder des Berufs) mit der gegenwärtigen Verärgerung oder mit vergangenen negativen Erlebnissen in Verbindung gebracht werden. Einige Reize besitzen demnach einen starken aggressionsauslösenden Charakter, wie etwa Waffen (Messer, Pistolen, Gewehre usw. – *Waffeneffekt*).

Die Wirkung von Auslösereizen stellt der *Priming-Ansatz* ins Zentrum. *Priming* heißt, dass semantisch miteinander verbundene Kognitionen (Wissen), Gefühle und Verhaltenstendenzen im Gehirn durch assoziative Pfade miteinander verbunden sind. Wird durch einen Stimulus (z. B. gewalthaltige Medieninhalte) ein Knoten innerhalb des Netzes angeregt, kommt es zu einem Ausstrahlungseffekt, durch den mit dem angeregten Knoten in Beziehung stehende Gedanken, Gefühle und Verhaltenstendenzen aktiviert werden. Dieser Prozess beeinflusst die Interpretation neuer Stimuli und entsprechende Verhaltenstendenzen. Studien zum *Priming-Ansatz* haben gefunden, dass der Konsum von Mediengewalt kurzfristig zu einer Mobilisierung aggressiver Kognitionen und zu feindseligen Gefühlszuständen führen kann.

In engem Zusammenhang mit dem *Priming-Ansatz* steht die *Skript-Theorie* (Skript bedeutet Drehbuch/Manuskript). Skripte sind im Gedächtnis gespeicherte mentale Routinen oder Programme, die Verhalten steuern und Probleme lösen. Skripte informieren über typische Ereignisabläufe (z. B. wie sich gewalttätiger Auseinandersetzungen vollziehen), Verhaltensweisen von Personen und Ergebnisse von Handlungen. Menschen, die mit viel Mediengewalt konfrontiert werden, entwickeln nach dieser Theorie Skripte, die Gewalt als zentrales Element von Problemlösungsstrategien enthalten.

Die für die Erklärung mittel- und langfristiger Wirkungen wichtigste und bewährteste Theorie der Medien-und-Gewalt-Forschung ist die im 17. Jahrhundert erstmals ausformulierte *Lerntheorie* (vgl. Kap. 4). Die Theorie unterstellt, dass sich Verhalten aus einer ständigen Wechselwirkung von Persönlichkeits- und Umweltfaktoren ergibt (reziproker Determinismus), da Erwartungen das Verhalten beeinflussen und die Folgen dieses Verhaltens wiederum auf die Erwartungen Einfluss nehmen. Durch Beobachtung *(Lernen am Modell)* werden Verhaltensmuster abstrahiert, die nicht sofort ausgeübt werden müssen, sondern latent bleiben können.

Beobachtungslernen beruht auf zwei Repräsentationssystemen, nämlich auf den Vorstellungen (imaginatives System) und der Sprache (verbales System), wodurch am Modell beobachtete Verhaltensweisen im Gedächtnis behalten werden. *Beobachtungslernen* ist kein gradueller Prozess, sondern erfolgt ‚in einem Stück' durch einsichtsvolles Erfassen von Zusammenhängen. Das Erlernen gewalttätiger Verhaltensweisen durch Beobachtung sagt nichts über deren tatsächliche Ausführung aus. Ein zentrales Merkmal der Lerntheorie ist die Unterscheidung zwischen Erwerb und Ausführung. Beobachtungslernen kann erfolgen, ohne dass das Modellverhalten selbst direkt nachvollzogen werden muss. Das kann später in ‚geeigneten' Situationen erfolgen.

Üblicherweise wird Gewaltverhalten durch Normen, Angst vor Strafe und/ oder Ausgrenzung sowie Schuldgefühle verhindert bzw. eingeschränkt. Ob aus der Beobachtung von Modellen offenes gewalttätiges Verhalten resultiert, hängt u. a. von den Ähnlichkeiten zwischen der beobachteten Situation und der eigenen

Situation ab. Ferner müssen die Mittel für eine Imitation (z. B. Waffen, körperliche Stärke usw.) vorhanden sein. Am wichtigsten für eine Nachahmung sind die Konsequenzen des Verhaltens (Erfolg bzw. Misserfolg, Belohnung bzw. Bestrafung usw.) für das Modell und die vom potenziellen Nachahmer erwarteten Konsequenzen für die eigene Person. In der *Lerntheorie* werden die Merkmale von *Medieninhalten* (z. B. Stellenwert, Deutlichkeit, Nachvollziehbarkeit, Rechtfertigung, Belohnung von Gewalt), die *Eigenschaften des Beobachters* (Geschlecht, Erregungsniveau, körperliche Eigenschaften, Charaktermerkmale, Interessen, frühere Erfahrungen mit Gewalt, vorhandene Verhaltensmuster usw.), die *soziale Einbettung* (z. B. Sozialisation, Normen und Verhaltensvorbilder in der Familie und in Peer-Groups) sowie die *situativen Bedingungen* des Konsums als Einflussfaktoren auf die Wirkung von Mediengewalt berücksichtigt. Die *Lerntheorie* berücksichtigt auch, dass verschiedene Personen identische Inhalte unterschiedlich wahrnehmen und daraus jeweils andere Verhaltenskonsequenzen ableiten können. So ist mit der Lerntheorie der Befund erklärbar, dass bei Schülern, die Ausübung physischer Gewalt umso ausgeprägter war, je mehr Helden in Kriegs- und Actionfilmen als Vorbilder betrachtetet wurden; dies galt auch je mehr geglaubt wurde, Filme mit Schlägereien und Morden würden die Realität widerspiegeln. Grundsätzlich steigt nach der Lerntheorie die Wahrscheinlichkeit für die Ausführung aggressiver Akte in dem Ausmaß, in dem Aggressionshemmungen abgebaut werden.

Um nochmals auf die Inhaltsanalysen zu verweisen (vgl. Kap. 3): Aus lerntheoretischer Warte weist Fernsehgewalt Eigenschaften auf, die das Erlernen aggressiver Handlungsmuster und ihre Umsetzung in gewalttätiges Verhalten fördern können. Gewalthandlungen sind meistens spannend, was die für das Lernen notwendige Aufmerksamkeit sichert. Die Gewaltakte sind durch „Action" und Dynamik deutlich vom Handlungsumfeld abgehoben. Ferner sind sie zumeist relativ simpel, d. h. leicht zu lernen und leicht zu imitieren. Auch die „guten" Helden nutzen Gewalt zur Erreichung „gerechter" Ziele, wodurch sie sich als aggressive Identifikationsobjekte anbieten. Gewalttätige Protagonisten sind bei der Durchsetzung ihrer Ziele üblicherweise kurzfristig in einer Vielzahl von Einzelsequenzen erfolgreich. Gewalt lohnt sich, abgesehen von „kleineren" Unfällen (zumeist am Ende einer Handlung), nahezu immer. Ein Beobachter kann also die Regel abstrahieren, man habe nur aufzupassen, um einer Bestrafung zu entgehen. Gewalt wird insgesamt als normales, alltägliches Verhalten gezeigt.

Nach der *Lerntheorie* treten negative Effekte nicht ‚automatisch' auf. Mediengewalt wird als einer von vielen Faktoren bei der Entstehung von Gewalt gesehen. Noch ungeklärt ist, was geschieht, wenn Modelle inkonsistente Verhaltensweisen zeigen. Auf keinen Fall bedeutet Lerntheorie, dass beobachtete Mediengewalt sofort nachgeahmt wird. Rezipienten identifizieren sich im Übrigen nicht nur mit erfolgreichen Modellen, sondern oft auch mit den Opfern von Mediengewalt. Während ersteres zur Aggressionssteigerung führen kann, bewirkt die Identifikation mit einem leidenden Opfer u. U. Aggressionsreduktion. In einer Untersuchung von Grimm (1999) wurde *negatives Lernen* nachgewiesen, d. h. Aggressivität nahm durch die Betrachtung filmischer Gewalt ab. Allerdings konnte sich dieser Effekt wieder umkehren, wenn sich ein zunächst gewaltkritischer Impuls bzw. Mitleid mit dem Opfer in Aggression gegen den Täter umwandelte. Die Identifikation mit dem Opfer legitimierte dann die Gewalt gegen Täter.

Viele neuere Untersuchungen zur Mediengewalt basieren auf dem *General Aggression Model (GAM),* das Lerntheorie, Priming-, Skript-, Erregungstransfer- und Habitualisierungsansatz integriert. Kurz- und langfristige Effekte von Mediengewalt sollen erklärt werden. Die Grundannahme ist, dass die Ausübung von Gewalt v. a. auf dem Lernen sowie der Aktivierung und der Anwendung aggressionsbezogener, im Gedächtnis gespeicherter Wissensstrukturen basiert. Die Persönlichkeit und die jeweilige Situation als ‚Input-Variablen' beeinflussen die Kognitionen, den affektiven Zustand und die physiologische Erregung und damit auch Situationsbewertungen, Entscheidungsprozesse und Verhaltensweisen. Das Handeln einer Person zieht Reaktionen der Umwelt nach sich, wodurch sich wiederum die ‚Input-Variablen' verändern und bewirken, dass Verhalten verstärkt oder gehemmt wird. Die ständige Nutzung von Mediengewalt lässt Individuen lernen, wie Ereignisse in ihrer Umgebung wahrgenommen sowie beurteilt werden und wie darauf reagiert wird. Langfristig kommt es nach dem GAM durch wiederholte Lern-, Aktivierungs- und Verstärkungsprozesse zur Ausbildung aggressiver kognitiver Strukturen und aggressiver Persönlichkeiten. Das wiederum bestimmt das Verhalten in konkreten Situationen. Insgesamt ist das GAM zwar sehr umfassend, aber doch wenig präzise. Die Bedeutung von Mediengewalt bleibt vage. Das GAM bedeutet im Vergleich zur Lerntheorie nur eine kompliziertere Sprache, aber keinen Erkenntnisfortschritt. Das GAM ist wohl eine wissenschaftliche ‚Mode'.

Hinsichtlich der Wirkungen von Mediengewalt entsteht beim Vergleich der Ergebnisse von Experimenten und Feldstudien bei Nicht-Kommunikationswissenschaftlern oft der Eindruck, die Befunde wären widersprüchlich. Das ist unzutreffend, denn insgesamt zeigen sie in eine Richtung: Die große Mehrheit der Nutzer ist durch den Konsum von Mediengewalt vollkommen ungefährdet, aber bei einer Minderheit (dieser Begriff beinhaltet keine Verharmlosung) können negative Wirkungen auftreten.

Die gelegentlich vertretene Behauptung, die Gefahr von Mediengewalt sei „wissenschaftlich" nachgewiesen, weil seit der Ausstrahlung brutaler Fernsehsendungen die Kriminalität zugenommen habe, basiert auf falsch interpretierten Korrelationskoeffizienten und der unzutreffenden Annahme, Gewalt (Kriminalität) habe generell zugenommen (vgl. Einleitung). Korrelationskoeffizienten informieren über die Wahrscheinlichkeit des gemeinsamen Auftretens zweier Merkmale (z. B. Mediengewalt und reale Gewalt). Ein Ursache-Wirkungs-Verhältnis kann aber aus Korrelationskoeffizienten nicht ohne weiteres abgeleitet werden. Wird dies übersehen, dann kann man ‚beweisen', was man will. Ein Statistiker hat einmal gesagt: „Aha, sie meinen, weil die Grillen zirpen geht die Sonne auf." Mit fehlinterpretierten Korrelationen kann man tollkühne ‚Beweise' führen: So werden Pfarrer zu Säufern und Vergewaltigern, weil sie in Gegenden mit hohem Alkoholkonsum und hohen Vergewaltigungsraten besonders häufig tätig sind. Mit einer solchen Logik wird oft Gewalt kausal auf Mediengewalt zurückgeführt. Diese kausale Fehlinterpretation korrelativer Zusammenhänge zwischen Mediengewalt und realer Gewalt bedeutet nicht, dass diese Fehlinterpretation folgenlos bleibt, denn wenn eine Situation als real definiert wird, sind ihre Konsequenzen oft real *(Thomas-Theorem)*. So können Eltern, Pädagogen und/oder Politiker ihr Verhalten an diesem zu Unrecht behaupteten Zusammenhang ausrichten.

Die Widersprüche zwischen den im *Labor* (starke Wirkungen) und den im *Feld* (schwache Zusammenhänge) erhaltenen Befunden sind auf die Methoden zurückzuführen. In *Laboratoriumsexperimenten* werden in künstlichen Situationen möglichst viele Störfaktoren kontrolliert, weshalb oft starke, zumeist kurzfristige Zusammenhänge festgestellt werden können. Die Versuchspersonen werden Mediengewalt voll ausgesetzt. Kompensierende Effekte anderer Inhalte werden ausgeschaltet. Gespräche mit anderen über das Gesehene erfolgen nicht. Experimente schaffen bewusst künstliche Situationen, um den Einfluss einzelner Variablen (Ausmaß des Konsums von Mediengewalt; Alter, Aggressivität, Geschlecht usw.) bestimmen zu können. Allerdings ist die Übertragbarkeit der Laborbefunde auf die Realität wegen ihrer ‚Künstlichkeit' nur unter Einschränkungen möglich.

Feldstudien (es gibt auch *Feldexperimente*) werden in normalen Umwelten durchgeführt, wobei u. a. die Möglichkeit zur Auswahl von Inhalten besteht. *Langzeit- oder Längsschnittstudien* wollen über einen längeren u. U. mehrere Jahre umfassenden Zeitraum hinweg ermitteln, welche Wirkungen auftreten und was Ursache und was Wirkung ist. Mit *Wirkungspfad* wird dabei die Wirkung von Mediengewalt auf Aggression und mit *Selektionspfad* der Einfluss von Aggression auf die Nutzung von Mediengewalt bezeichnet. Beide stehen in der Regel in

Wechselbeziehung, d. h. sie können sich gegenseitig verstärken. Studien, in denen Daten von Probanden über einen längeren Zeitraum hinweg mehrfach erfasst werden, ermöglichen die Analyse kumulativer Effekte und gestatten ein realitätsnäheres und aussagekräftigeres Bild der Wirkungen als kurzfristige Momentaufnahmen im Labor. Auch sind Aussagen über die Kausalitätsrichtung von Zusammenhängen zwischen gewalthaltigen Spielen und Aggressivität möglich, d. h. die Frage, ob Mediengewalt aggressiv macht *(Wirkungsthese)* oder ob sich bereits aggressive Individuen von Mediengewalt angezogen fühlen *(Selektionsthese)*, kann beantwortet werden. Dabei wurden auch *Wechselwirkungsprozesse* aufgefunden. Aggressive Personen, die gewalthaltige Inhalte bevorzugen, können durch deren Konsum aggressiver werden und Mediengewalt noch attraktiver finden, was wiederum zu verstärkter Aggressivität führt, die stärkere Nachfrage nach solchen Inhalten bewirkt usw. *(Spiralmodell)*.

Aufgrund des hohen zeitlichen und finanziellen Aufwandes sind langfristig angelegte Untersuchungen mit zwei oder mehr Messzeitpunkten im Vergleich zu Experimenten selten. Ihre Zahl hat aber vor allem in Bezug auf Fernsehgewalt in den letzten Jahren deutlich zugenommen. Das Schwergewicht der Langzeitstudien lag und liegt auf Kindern und Jugendlichen, weil sich Denk- und Verhaltensweisen sowie Medienpräferenzen in jungen Jahren ausprägen und allmählich verfestigen. Langfristige Effekte von Mediengewalt sind also vor allem mit Kindern/Jugendlichen als Versuchspersonen aufzufinden. Bei Erwachsenen sind demgegenüber für das Lernen neuer Skripten längere Prozesse und stärkere Reize nötig als bei Kindern, um bereits vorhandene kognitive Strukturen zu verändern.

Eine in den USA vorgenommene Auswertung (Bushman und Huesmann 2006) von 431 Studien mit insgesamt knapp 70.000 Probanden (davon 264 Studien mit Kindern und 167 Studien mit Erwachsenen) ergab folgendes: In Laborstudien lagen die stärksten Effekte von Mediengewalt vor. In Langzeitstudien waren stärkere Effekte bei Kindern als bei Erwachsenen aufzufinden. In diesen Studien waren die Zusammenhänge zwar überwiegend schwach, aber dies ist allein schon wegen der großen Zahl der sich auch gegenseitig beeinflussenden Faktoren zu erwarten. Schwache Zusammenhänge bedeuten nicht, dass keine Wirkungen vorliegen. Für einzelne Problemgruppen können starke Beziehungen bestehen. Langzeitstudien zeigen eindeutig, dass für bestimmten Personen und Risikogruppen (Problemgruppen) zwischen dem Konsum gewalthaltiger Medieninhalte und späterem Gewaltverhalten ein kausaler Zusammenhang besteht.

Wichtig für Eltern ist ein Befund aus einer in Finnland mit Schülern im Alter von 12 bis 15 Jahren durchgeführten Langzeitstudie (Wallenius und Punamäki 2008): Schlechte Eltern-Kind-Kommunikation stellt einen Risikofaktor für die

Wirkung von Mediengewalt dar (es ging in der Studie um Computerspiele). Zugleich aber zeigte sich; dass ein gutes Eltern-Kind-Verhältnis keineswegs immer einen Schutz vor negative Folgen von Mediengewalt bietet.

Über die Problemgruppen ist inzwischen einiges bekannt. Zu den *Persönlichkeitsmerkmalen,* die auf die Wirkung von Mediengewalt Einfluss nehmen (können) gehören vor allem Aggressivität, Geschlecht, Alter, Erlebnissuche – also die Suche nach Erregung zur Stimmungsoptimierung –, Frustrationstoleranz, vorhandene Erfahrung mit Mediengewalt, Selbstbewusstsein (auch Depressionen, Ängste, soziale Phobien usw.). Diese ohne Anspruch auf Vollständigkeit aufgeführten Merkmale weisen zugleich untereinander vielfältige Beziehungen auf. Die den einzelnen Merkmalen zugrunde liegenden Phänomene sind teilweise auseinander abzuleiten – so tritt intensives Suchen nach Erregung eher bei männlichen und bei jüngeren Personen als bei weiblichen oder älteren Menschen. Grundsätzlich kommt es nicht nur darauf an, Risikofaktoren ‚an sich‘ aufzufinden. Wirkungen hängen auch vom jeweiligen Kontext ab, d. h. ob z. B. verbale oder physische Gewalt mehr oder weniger eingesetzt wird. Ferner bestehen Geschlechtsunterschiede: Weibliche Personen neigen eher zu verbaler als zu physischer Gewalt als männliche Hinzu kommt, dass die Neigung zu Gewaltverhalten nicht konstant ist, sondern schwanken kann.

Auch sind männliche Nutzer gefährdeter als weibliche Individuen, die generell ein geringeres Interesse an Mediengewalt besitzen. Deutsche Studien belegen, dass männliche Kinder und Jugendliche eine größere Vorliebe für gewalthaltige Inhalte haben als Mädchen (Das gilt auch für Computerspiele: Weibliche Personen bevorzugen Spiele mit sozialen Verhaltensweisen, wohingegen männliche Kampf und Wettbewerb präferieren. Dementsprechend sind Action-Spiele und Ego-Shooter bei männlichen Individuen deutlich beliebter als bei weiblichen). Da weibliche Personen eine geringere Präferenz für gewalthaltige Inhalte haben, sind sie allein schon deshalb von möglichen negativen Folgen der Mediengewalt weniger betroffen als männliche Individuen. Dies sagt aber nichts über den Einzelfall aus. Es können auch starke Wirkungen auf Mädchen erfolgen. In einer Studie wurde statt des biologischen das ‚psychische‘ Geschlecht mit Mediengewalt in Beziehung gesetzt. Das Ergebnis war, dass weibliche Personen mit stärkerer Maskulinität (z. B. Gefühl der Handlungsfähigkeit, hohes Selbstbewusstsein) deutlich mehr Mediengewalt konsumierten als ausgesprochen feminine (u. a. Selbstlosigkeit, Sorge um andere).

Variablen, die das *soziale Umfeld* betreffen, sind u. a. die Familie (Vollständigkeit; Gewaltklima in der Familie, Bildungsniveau der Eltern usw.), der Migrationshintergrund, die Gleichaltrigengruppe (Peer-Group), die Schule und das Schulklima.

In Deutschland liegt bei der Mediennutzung offensichtlich eine soziale Zweiteilung zwischen Kindern/Jugendlichen aus sozial privilegierten und sozial benachteiligten Familien vor. Erstere lesen mehr und bevorzugen kreative Tätigkeiten. Letztere beschäftigen sich vor allem mit Computern und Fernsehen. Obwohl stärkere Wirkungen von Mediengewalt bei Schülern der ‚niedrigerer' Schulformen (Haupt- und Realschule im Vergleich zum Gymnasium) festzustellen sind, heißt dies nicht, dass Gymnasiasten gegenüber negativen Effekten immun sind. So wurde in einer Studie im Jahr 2004 in Deutschland festgestellt, dass der Zusammenhang zwischen dem Mediengewaltkonsum und der Gewaltausübung bei Gymnasiasten stärker war als bei Berufs- bzw. Realschülern. Zuvor (1994 und 1999) ist dies noch anders gewesen (Fuchs u. a. 2009).

Oft wird übersehen, dass übersteigerte Leistungsansprüche in Familien mit höherem sozio-ökonomischen Status zu erhöhter Nutzung gewalthaltiger Inhalte führen können. Auch geht ein niedrigeres Bildungsniveau mit der Nutzung nicht altersadäquater Inhalte einher. Dies betrifft auch ‚brutale' Computerspiele. In einer an Hauptschulen in Bayern durchgeführten zwei Jahre umfassenden Langzeitstudie (Hopf u. a. 2008) wurde festgestellt, dass der Konsum von Mediengewalt im Fernsehen, in Filmen und in Spielen der wichtigste Prädiktor für später auftretende Gewalt war. Mediengewalt wirkte stärker als andere Risikofaktoren. Dies betraf auch das Gewaltverhalten in der Schule. Die Nutzung von Mediengewalt hing im diesem Fall ab vom vorangegangenen Mediengewaltkonsum, dem Geschlecht und einem ‚kalten' Klima in der Schule. Dies zeigt, wie wichtig es ist, einen frühen Einstieg in den Gewaltfilmkonsum zu erschweren (vgl. Kap. 6). Die stärksten Wirkungen von Mediengewalt auf Gewaltverhalten waren auf den Konsum von (Horror-)Filmgewalt zurückzuführen. Der stärkste Risikofaktor für Gewaltkriminalität aber war Computerspielgewalt. Als weitere bedeutsame Risikofaktoren für das Auftreten Gewaltverhalten erwiesen sich das frühere eigenen Gewaltverhalten sowie das Ausmaß elterlicher physischer Gewalt.

Nochmals sei betont, dass bei der großen Mehrheit der Nutzer nur geringe Wirkungen von Mediengewalt auf die Aggression vorliegen. Wie stark solche Effekte ausfallen, ist von der Art der Darstellung von Mediengewalt sowie den Personen der Rezipienten, ihre soziale Einbettung und den jeweiligen Situationen abhängig. Mediengewalt ist ‚nur' ein Faktor in einem komplexen Bündel von Ursachen der Aggressionsentstehung. Obwohl es noch viele offene Fragen gibt, kann in Bezug auf das *Geschlecht* festgehalten werden: Negative Wirkungen von Mediengewalt sind eher bei männlichen als bei weiblichen Rezipienten festzustellen, was v. a. auf die unterschiedliche Attraktivität dieser Inhalte zurückzuführen ist. Im Hinblick auf das *Alter* spielen die Informationsverarbeitungsfähigkeiten, die moralische Urteilsfähigkeit und die Fähigkeit zur Übernahme anderer Perspektiven (Empathie) ebenso eine Rolle wie die in der jeweiligen Entwicklungsphase relevanten Themen und Belastungssituationen. Starke Wirkungsrisiken liegen besonders dann vor, wenn Kinder zwar schon in der Lage sind, aggressiven Handlungsabläufen zu folgen, aber noch kein ausgebildetes und verfestigtes Wertesystem besitzen, das deren Einordnung ermöglichen würde. Bereits aggressive Personen reagieren am stärksten auf Mediengewalt und besitzen Vorlieben für diese Inhalte. Stärker gefährdet sind auch Kinder bzw. Jugendliche, die in Familien mit einem hohen bzw. unkontrollierten Medien(gewalt)konsum aufwachsen und in Familie, Schule und/oder Peer-Group auch in der Realität viel Gewalt erleben, so dass Gewalt als normaler Problemlösungsmechanismus angesehen wird. Hier fehlt ein Korrektiv zur Einordnung und Relativierung des in den Medien Gesehenen. Mediengewalt entspricht der eigenen Realitätserfahrungen. Für die Stärke der Beziehung zwischen dem Mediengewaltkonsum und der Rezipientenaggression gilt, dass in Studien bis zu 9 % der Aggression durch Mediengewalt erklärt worden sind. Das ist ein recht hoher Prozentwert, denn Mediengewalt ist nur ein Faktor neben vielen anderen bei der Entstehung von realer Gewalt.

In Bezug auf *inhaltliche Aspekte* ist der *Kontext* der Gewalt (z. B. legitime Polizeigewalt vs. heimtückischer Mord) wichtiger als deren Menge. Auch sind es nicht unbedingt besonders blutrünstige oder drastische Darstellungen, die die deutlichsten Effekte verursachen. Gefährlicher sind Darstellungen, in denen Gewalt als *gerechtfertigt* dargestellt und von *attraktiven* Protagonisten ausgeübt wird. Dies gilt besonders auch dann, wenn Gewalt *belohnt* bzw. nicht bestraft wird und *negative Folgen für das Opfer* nicht zu sehen sind, so dass kein Anlass zur Empathie mit den Leidtragenden einer Gewalthandlung besteht.

Erwähnt werden muss noch, dass in Bezug auf hier nicht berücksichtigten gewalthaltigen Computerspiele keine stärkeren Effekte als für Film und Fernsehen vorliegen (dafür liegen keine empirischen Beweise vor; vgl. Kunczik 2013). Dies gilt auch für die sog. „Killerspiele". Es gibt (bislang) keine Forschungsbefunde, die zeigen, dass die für *First-Person-Shooter* charakteristische *Ego-Perspektive* negative Effekte verstärkt. Nochmals sei betont, dass die im Zusammenhang mit Computerspielen wiederbelebte Katharsisthese widerlegt ist: Mediengewalt macht niemanden friedlicher durch einen Aggressionstriebabfluss.

Ohne Anspruch auf Vollständigkeit sollen die wichtigsten Faktoren für Risikogruppen nochmals herausgestellt werden:

a. Jüngere Kinder (unter etwa 12 Jahren) verfügen noch nicht über ein stabiles Wertesystem und haben moralische Grundsätze noch nicht internalisiert.

Daher sind sie für Inhalte empfänglich, in denen attraktive Modelle gerechtfertigte Gewalt ausführen und dafür belohnt werden. Auch können jüngere Kinder nicht zwischen Realität und Fiktion unterscheiden.

b. Einige Personen besitzen eine ausgesprochene Vorliebe für gewalthaltige Inhalte und sind deshalb besonders gefährdet. Allerdings gibt es keinen anerkannten Anhaltspunkt dafür, wann ein „pathologisches" Ausmaß erreicht wird.

c. Kinder, deren soziale Problemlösungsfähigkeiten nicht entwickelt sind und die deshalb zu Gewalt neigen, sind besonders gefährdet. Häufig ist eine Gefährdung auch mit Problemen in der Gefühlsregulierung verbunden, die oft zu einer Flucht vor Ängsten und depressiven Gefühlen in die Welt gewalthaltiger Fiktion führen. Hier ist auf Kinder zu verweisen, die andere tyrannisieren (*„Bullies"*) bzw. auf deren *Opfer.* Sowohl Täter als auch Opfer weisen kognitive und emotionale Defizite auf. *Bullies* zeichnen sich oft durch geringe Empathie, geringe Schuldgefühle und geringe Sensibilität gegenüber ihren Opfern aus. So wurde in einer Studie ein harter Kern von ca. 5 % gewaltbereiten, überwiegend männlichen 14 jährigen Schülern identifiziert, die regelmäßig Mitschüler bedrohten, beschimpften oder schlugen. Dabei korrelierte die Nutzung gewalthaltiger Filme deutlich mit aggressivem Verhalten. Gewalt wird von den *Bullies* oft als Spaß angesehen und als geeignetes Problemlösungsmittel betrachtet. Mediengewalt kann diese Eigenschaften der *Bullies* verstärken. Die Opfer von *Bullies* verfügen zumeist ebenfalls über geringe Problemlösungs- bzw. Konfliktlösungsfähigkeiten. Ihre *Skripte* für aggressive Situationen bestehen v. a. aus Niederlagen. Sie reagieren gewöhnlich sehr emotional, was die Aggressivität der *Bullies* weiter anheizen kann. Für die Opfer ermöglicht der Konsum von Mediengewalt häufig Wirklichkeitsflucht. In der Welt der Fiktion kann möglicherweise auch das Selbstbewusstsein gesteigert werden.

Die aufgeführten Einflussfaktoren für die Wirkungen von Mediengewalt zeigen, dass es nicht möglich ist, einen einfachen, immer gültigen Kriterienkatalog zur eindeutigen Identifikation potenzieller Gewalttäter oder von mit Sicherheit Gewalt auslösenden Medieninhalten zu erstellen. Die Beziehungen sind zu kompliziert. Aber eine Vielzahl relevanter Größen, deren Wirkung letztlich aus einem komplexen Geflecht miteinander interagierender Variablen herrührt, ist inzwischen bekannt. Hier bedarf es aber noch weiterer Forschung.

Angesichts der vielfältigen Beziehungen zwischen den einzelnen die Wirkung von Mediengewalt beeinflussenden Variablen überrascht nicht, dass die im Feld aufgefundenen Beziehungen schwach sind und die Forschung (noch) nicht alle Fragen beantworten konnte. Sicher aber ist: Welche Gewaltinhalte, bei welchen

Individuen, unter welchen Bedingungen, welche Wirkungen haben, kann nicht mit einfachen Ursache-Wirkungs-Aussagen beantwortet werden. Dies gilt auch für die noch Lücken aufweisende Forschung zu den Beziehungen zwischen Mediengewalt und schulischen Leistungen.

Abschließend sei noch auf eine Wirkung von Mediengewalt verwiesen, die wenig beachtet wird, nämlich die *Abschiebung der Verantwortung* für das eigene Verhalten. Mediengewalt wird als übermächtiger Anstifter für eigenes aggressives und/oder kriminelles Verhalten hingestellt. So hat bereits in den 20er Jahren in Chicago eine Bande von Geldschrankknacken gewalthaltige Filme als tatauslösend bezeichnet. Während das als eher misslungene Ausrede noch zum Lächeln anregt, ist dies bei einem Mitglied der *Charles-Manson-Gang,* die 1969 die Schauspielerin Sharon Tate ermordet hat, nicht der Fall. Der Mörder argumentierte: „We are what you have made us. We were brought up on your TV".

Eine Ablehnung der Verantwortung für eigenes Fehlverhalten erfolgt auch deshalb, weil in den Massenmedien und anderswo von ‚Experten' häufig behauptet wird, Mediengewalt verursache Aggression und Kriminalität. Aggressive Menschen können sich dann als eine Art „Billardball" präsentieren: Eigentlich sind sie friedlich und gegen Gewalt, aber die böse Mediengewalt ist für ihr Fehlverhalten verantwortlich. Hier liegt eine Gefahr der öffentlichen Diskussion. Potenziell bzw. tatsächlich gewalttätige Individuen versuchen, durch den Verweis auf die Macht der Medien die Verantwortung für das eigene Verhalten abzuwälzen. Je intensiver und übertriebener von besorgten Experten auf die große Gefährlichkeit von Gewaltdarstellungen verweisen wird, desto öfter berufen sich Täter darauf (eine empirische Prüfung steht noch aus, aber eine von mir durchgeführte Befragung hat belegt, dass Jugendliche, die wegen psychischer Störungen in Behandlung waren, dazu neigten, ihr eigene Aggression mit Vorbildern aus Gewaltfilmen zu rechtfertigen). Hier liegt ein Dilemma vor: Auf der einen Seite ist die Schaffung eines öffentlichen Bewusstseins für die Problematik der Mediengewalt erwünscht; auf der anderen Seite aber kann die Betonung der großen Gefahr von Mediengewalt gewaltsteigernd wirken.

Medienpädagogische Maßnahmen gegen Mediengewalt

Sozialwissenschaftliche Forschung soll, wie bereits Max Weber in *Vom Inneren Beruf der Wissenschaft* forderte, (auch) praktisch verwertbare Ergebnisse erbringen. Es ist zu fragen, worin der Nutzen der Medien- und Gewalt-Forschung besteht? Was für *medienpädagogische* Maßnahmen sind aufgrund von Forschungsergebnissen erarbeitet worden, um mögliche negative Wirkungen von Gewaltdarstellungen zu verhindern oder abzuschwächen? Befunde zur Wirkung von Mediengewalt sollten in die medienpädagogische Praxis umsetzbar sein. Die Wirkungen derartiger Maßnahmen wiederum muss empirisch überprüft werden. Dabei sind bei der Erforschung der Wirksamkeit medienpädagogischer Maßnahmen durch Eltern und Schulen (Lehrpläne und Programme) in letzter Zeit vor allem in Deutschland deutliche Fortschritte erzielt worden. Damit verbunden ist ein Wandel der Medienpädagogik. Maßnahmen zur Verhinderung bzw. Abschwächung negativer Effekte von Mediengewalt basierten bis in die 80er Jahre vor allem auf subjektiven pädagogischen Erfahrungen, weil kaum für die medienpädagogische Praxis verwertbaren Forschungsbefunde vorlagen. Hinzu kam, dass die Lehrer zumeist kaum medienpädagogisch ausgebildet worden waren. Häufig mussten (bzw. müssen oft noch immer) derartige Kenntnisse im Selbststudium erworben werden. Im Folgenden wird auf schulische und elterliche Maßnahmen eingegangen – nicht berücksichtigt werden die Wirkungen von in den Medien verbreitetet Anti-Gewalt-Botschaften sowie von Maßnahmen der Klassifizierung von Inhalten z. B. durch Altersbeschränkungen. Bei Altersklassifizierungen besteht allerdings immer die Gefahr, dass als nicht geeignet klassifizierte Inhalte allein dadurch, dass vor ihnen gewarnt wird, eine große Anziehungskraft für die vor ihnen zu schützende Alterskohorte besitzen.

In Bezug auf das Fernsehen lassen sich bei elterlichen Maßnahmen *restriktive Interventionsstrategien* (Einschränkungen der Sehzeiten; Verbot bestimmter

© Springer Fachmedien Wiesbaden GmbH 2017
M. Kunczik, *Medien und Gewalt*, essentials,
DOI 10.1007/978-3-658-16543-7_6

Inhalte), *gemeinsames Fernsehen* (*Coviewing* – Eltern sehen mit ihren Kindern zusammen fern, aber kommentieren das Gesehene nicht) und *aktive Interventionsstrategien* (Eltern sprechen mit den Kindern über das Gesehene) unterscheiden.

Beim *Coviewing* ist mit negativen Effekten zu rechnen, denn Kinder können das kommentarlose gemeinsame Ansehen von Gewalt als deren Billigung durch die Eltern deuten. *Restriktive Interventionen* können zwar negative Folgen verhindern, belasten aber durch die damit verbundenen Verbote womöglich zugleich die Eltern-Kind-Beziehung. Restriktive Maßnahmen sind bei jüngeren Kindern zwar durchaus erfolgreich, aber bei älteren wirken sie eher kontraproduktiv, da Mediengewalt durch Verbote besonders attraktiv werden kann *(Reiz der verbotenen Früchte)*. Der Konsum verbotener Inhalte verlagert sich auch oft in den Freundeskreis und ist womöglich (z. B. als Mutprobe beim Ansehen brutaler Horrorfilme) mit sozialem Ansehen verbunden. Dabei können Horrorfilme und das mit ihnen verbundene Sehverhalten auch Geschlechtsrollen prägen: Der ‚harte‘ Kerl und das ‚sensible‘ Mädchen.

Aktive Interventionsstrategien, bei denen Eltern Gewalt ausdrücklich missbilligen, sind erfolgreich, wenn Kindern die *Perspektive des Gewaltopfers* vermittelt werden kann. Normalerweise identifizieren sich Zuschauer mit den oft attraktiv und humorvoll dargestellten Tätern (vgl. aber Kap. 5 zum *negativen Lernen),* die Gewalt erfolgreich anwenden und außer am Handlungsschluss kaum negative Konsequenzen erleiden. Kinder können durch entsprechende Kritik und Anleitungen dazu gebracht werden, die Perspektive des Opfers einzunehmen und Gewalt auch dann kritisch wahrzunehmen, wenn kein Erwachsener anwesend ist. Diese Strategie ist für ältere Kinder geeignet. Jüngere haben zumeist noch Schwierigkeiten, sich in die Perspektiven anderer hineinzuversetzen. Studien mit 5- bis 6 jährigen Kindern zeigten etwa, dass aktive Interventionen keinen Erfolg hatten, weil die Botschaft der Eltern nicht richtig verstanden wurde bzw. werden konnte.

Untersucht wurde auch, ob *Feststellungen/Aussagen (Statements)* oder *Fragen* bei aktiven Interventionen erfolgreicher sind. Bei jüngeren Kindern sind Feststellungen effektiver als Fragen, die sie überfordern können. Ältere Kinder (ab ca. 9 Jahre) nehmen demgegenüber Behauptungen (Statements) als zu belehrend wahr, wohingegen Fragen vorhandenes Wissen aktivieren und zu kritischem Denken anregen können. Auch das Ausmaß der Medienerfahrung ist wichtig: Bei *Wenigsehern* wirkten in einer Studie Fragen eher kontraproduktiv, bei *Vielsehern* waren sie hingegen erfolgreich. *Vielseher* wurden durch Fragen wahrscheinlich aus dem gewohnten, passiven Fernsehstil herausgerissen. *Wenigseher* hingegen waren so stark mit den für sie ungewohnten Programmen beschäftigt, dass sie durch Fragen irritiert wurden.

Wichtig zu wissen ist, ob die Fähigkeit der Rezipienten, zwischen realer und fiktiver Gewalt unterscheiden zu können, negative Folgen von Mediengewalt verhindern kann? Zwei Autoren (Freitag und Zeitter) haben die Frage untersucht: *Schützt Wissen vor Wirkung?* Das Resümee ist, dass das Wissen um den fiktiven Charakter von Mediengewalt nicht zur Verhinderung negativer Wirkungen ausreicht. Erfolgreich sind dagegen kritische Kommentare. Allerdings reduzieren Hinweise auf den fiktiven Charakter von Gewalt das Auftreten medieninduzierter Angst. Es zeigt sich, dass die Beziehungen zwischen Gewaltinhalten, medienpädagogischen Interventionen und Wirkungen nicht einfach und linear sind. Kritische Kommentare über das Gesehene sind wirksamer als Hinweise auf die Unterscheidung von Realität und Fiktion.

Elterliche Interventionen können negative Folgen von Mediengewalt verhindern bzw. verkleinern, wobei in Deutschland viele Eltern mit einem gehobenen Bildungsniveau nach medienpädagogischen Informationen suchen und sich vielfach medienpädagogisch richtig verhalten. Davon profitieren vor allem Kinder, die in günstigen sozialen Verhältnissen aufwachsen und ohnehin weniger gefährdet sind als andere Kinder. Im Übrigen werden Bemühungen der Eltern oft durch Einflüsse Gleichaltriger aufgehoben, mit denen Zeit mehr verbracht wird als mit den Eltern.

Zum Erfolg medienpädagogische Maßnahmen in Schulen gab es lange nur wenige Studien, die begrenzte Aussagekraft besaßen. Neuere (deutsche) Forschungen haben aber nachgewiesen: Schulische medienpädagogische Maßnahmen können erfolgreich sein! Ein methodisches Problem der Forschung ist dabei, dass Schüler, die an derartigen Untersuchungen teilnehmen, den Sinn medienpädagogischer Maßnahme erkennen können, deren Wirksamkeit gerade untersucht werden soll, und bei Befragungen deshalb ‚verzerrte' Antworten gegeben werden. Auch werden zumeist nur Einstellungen erhoben und nicht Verhaltensänderungen erfasst. Eine Schwäche liegt auch in der (noch) geringen Anzahl von Langfriststudien zur Wirkung kontinuierlicher medienpädagogischer Maßnahmen.

Aus den Forschungsbefunden folgt, dass zur Verhinderung negativer Effekte von Mediengewalt Eltern und Schulen möglichst früh mit medienpädagogischen Maßnahmen beginnen sollten, wenn Einstellungen noch nicht stark verfestigt sind. Damit kann die Basis für einen späteren kompetenten Medienkonsum gelegt werden. Zu vermeiden sind – vor allem bei Jüngeren – Inhalte, die zu viele Perspektiven von Gewalttaten beinhalten und sich zu sehr mit dem Täter beschäftigen. Der Erfolg schulischer Maßnahmen kann durch Aufgaben verbessert werden, die eine aktive Beteiligung beinhalten (Gruppendiskussionen; Schreiben von Aufsätzen; Produktion von Videos zur Aufklärung über die Gefahren von Mediengewalt usw.).

Zur Wirksamkeit medienpädagogischer Maßnahmen ist in Deutschland mit *Medienlotsen gesucht* eine zentrale Studie durchgeführt worden (Kleimann 2011). Ein schulisches Präventionsprogramm (es ging um Computerspiele, aber die Ergebnisse sind auch auf Film und Fernsehen übertragbar) zur Verhinderung problematischer Nutzungsmuster wurde auf empirischer Basis entwickelt, durchgeführt und evaluiert. Grundschüler wurden über vier Jahre begleitet. Dabei zeigte sich auch ein Grundproblem der Lehrer: Die sich langfristig kumulierenden, aber kurzfristig nur sehr geringen Effekte medienpädagogischer Maßnahmen können von den Lehrern in der kurzen Zeit, in der sie Kontakt mit einzelnen Schülern bzw. Schulklassen haben, zumeist gar nicht festgestellt werden: Lehrer müssen also medienpädagogisch aktiv werden, ohne von ihnen erzielte Erfolge erleben zu können. Das ist eine undankbare und sehr schwierige Situation. Kleimann charakterisiert die Effekte des Programms zwar als „schwach und teilweise nur relativ kurzfristig messbar", aber für exzessiv-problematische Computerspielnutzung wurden längerfristige Effekte festgestellt. Die Nutzungszeiten wurden zwar nur wenig reduziert, aber die Entwicklung problematischer Mediennutzungsmuster konnte deutlich beeinflusst werden. Das Resümee dieser Studie lautet: „Medienerzieherischer Unterricht wirkt."

Medienpädagogik bedeutet (in dem dieser Studie zugrunde liegenden Kontext) die Verhinderung negativer Auswirkungen von Mediengewalt. Das *Lotsen*-Konzept betont den Dialog zwischen Lehrkräften und Kindern und die durch Lehrer angeregte Reflexion der Mediennutzungsmuster. Nochmals (!) sei auf die schwierige Situation der Lehrer verwiesen, die zwar für den Erfolg der Medienpädagogik entscheidend sind, aber Konsequenzen ihrer Bemühungen nicht feststellen können, weil diese erst langfristig eintreten, d. h. erst wesentlich später messbar sind. Hier sei noch erwähnt, dass in einer thematisch mit der *Medienlotsen*-Studie eng verbundenen Untersuchung *Mediengewalt und Kognition* (Rehbein 2011), ebenfalls das Wirkungspotenzial von Gewaltdarstellungen untersucht worden ist. Die Daten weisen auf einen negativen Zusammenhang zwischen dem Konsum von Mediengewalt und der Schulleistung hin. Allerdings sind die Gründe dafür bislang noch ungeklärt.

Schlussfolgerungen und weitere Forschungen

7

Die kulturpessimistische Vorstellung einer durch Mediengewalt verrohten und verwahrlosten Gesellschaft bzw. Jugend ist durch die Forschung widerlegt: Die große Mehrheit der Nutzer nimmt keinen Schaden, aber bei Risikogruppen kann Mediengewalt negative Effekte haben. Obwohl ‚nur' bei einer Minderheit negative Wirkungen auftreten, dürfen dies Minderheiten allein schon angesichts der Größe der Grundgesamtheit ‚Jugendlichen in Deutschland' nicht ignoriert werden: Es handelt sich auf keinen Fall um eine Quantité négliable. Jeder Einzelfall negativer Wirkung bedarf der Beachtung. Den einen entscheidenden und endgültigen Beweis für die Gefährlichkeit (oder auch die Harmlosigkeit) von Mediengewalt wird es allerdings nicht geben. Forschungsbefunde müssen kumuliert und in ihrer Gesamtheit analysiert sowie gewichtet werden. In Bezug auf die öffentliche Diskussion um die Wirkungen von Mediengewalt ist dabei auch in Zukunft Vorsicht angebracht, denn selbst ernannte „Medien-und-Gewalt-Experten", die oft die Forschungsbefunde nicht kennen und auf selbstgemachter Sozialwissenschaft basierende Vermutungen verbreiten, zeichnen gern ein maßlos übertriebenes und ins Negative verzerrtes Bild angeblicher Wirkungen. Schwerste geistige und körperliche Schäden bei den Nutzern von Mediengewalt sowie der kulturelle Untergang des Abendlandes wurden und werden als Folgen von Mediengewalt beschworen.

Besonders hinsichtlich der im vorliegenden Band aus Raummangel nicht analysierten Computerspielgewalt üben vielfach erwachsene ‚Experten' mit großem moralischen Engagement Kritik, die selbst keine Gewaltspielerfahrung besitzen. Für Kinder und Jugendliche ist hingegen Mediengewalt selbstverständlich und gerade bei Spielen vielfach Bestandteil einer zur Abgrenzung von den Erwachsenen dienenden Jugendkultur. Ferner können gewalthaltige Spiele den Aufbau und Erhalt sozialer Kontakte begünstigen sowie das Zusammengehörigkeitsgefühl von

© Springer Fachmedien Wiesbaden GmbH 2017
M. Kunczik, *Medien und Gewalt*, essentials,
DOI 10.1007/978-3-658-16543-7_7

Gruppen stärken. Auch das Selbstwertgefühl Einzelner kann durch gewalthaltige Computerspiele gestärkt werden – etwa. durch Statusgewinn im Wettkampf. Wettbewerb ist ein wichtiges Nutzungsmotiv für diese Spiele. Sozialer Rückzug (Wirklichkeitsflucht) – ist im Vergleich dazu als Motiv unbedeutend. Das Schreckensbild der sozial isolierten jugendlichen Spieler, die vor dem Bildschirm sitzend vor sich ‚hinballern', ist unbegründet: Gewalthaltige Spiele machen (zumeist) Spaß und fördern soziale Kontakte. Die Frage ist, ob man aus Gründen des Jugendschutzes diesen Spaß einschränken oder gar den Jugendlichen nehmen darf?

Ein Jugendschutz, der auf angemessene Persönlichkeitsentwicklung abzielt, beinhaltet auch das Erlauben der Nutzung gewalthaltiger Medieninhalte, wenn Spielen für den Einzelnen sowie die Gesellschaft ungefährlich ist, den Rezipienten Freude macht und soziale Kontakte fördert. Die Grenzziehung zu jugendgefährdenden Inhalten mit negativen Effekten ist ausgesprochen schwierig. Jugendschutz bedeutet ja auch den Schutz der Rezipienten und der Gesellschaft vor negativen Wirkungen. Verantwortungsbewusster Jugendschutz in Bezug auf Mediengewalt, ist besonders dann schwierig, wenn aus den Forschungsbefunden keine klaren Handlungsanweisungen ableitbar sind.

Allerdings sind viele neuere Forschungsbefunde durchaus praxisrelevant. So besteht zwischen Mediengewaltnutzung und Aggressivität eine wechselseitige Beziehung: Aggressive Individuen bevorzugen Mediengewalt, deren Nutzung größere Aggressivität bewirken kann, die wiederum die Nutzung von Mediengewalt verstärkt usw. Jugendschutz hat die Aufgabe, derartige Prozesse zu verhindern bzw. zu unterbinden, wenn sie bereits ablaufen. Es ist ein schwer zu lösendes Problem, einerseits mögliche negative Entwicklungen zu unterbinden, und andererseits positive Effekte (Spaß, Gruppenbindung usw.) nicht zugleich zu behindern.

Eine grundlegende Schwierigkeit des Jugendschutzes besteht darin, dass viele medienpädagogische Maßnahmen nur in kleinen Schritten wirken. Erfolge sind zumeist erst langfristig erkennbar. Spektakuläre Erfolge, die sich als aktuelle Nachrichten politisch verwerten lassen, wird es nur sehr selten geben (etwa bei der Veröffentlichung der Ergebnisse einer Langzeitstudie, über die in den Medien berichtet werden kann). Damit wird die Position des Jugendschutzes beim Kampf um die öffentliche Meinung und um knappe finanzielle Ressourcen nicht leichter, obwohl die gesellschaftliche Bedeutung des Jugendschutzes und der Medienpädagogik auch in Bezug auf Mediengewalt immer größer werden wird.

Die Vielzahl der vorgestellten Wirkungstheorien (vgl. Kap. 5) lässt sich im Grunde auf drei Theorien reduzieren, nämlich 1) auf die empirisch widerlegte Katharsisthese, 2) auf die ebenfalls widerlegte These der Wirkungslosigkeit und

3) auf die Lerntheorie, die für die Erklärung von Wirkungen am besten geeignet ist. Von den Wirkungstheorien ist die Theorie des *Lernens durch Beobachtung* ohne Zweifel am wichtigsten. Viele der in der Literatur aufzufindenden neueren Theorien scheinen vor allem der Profilierung der jeweiligen Autoren dienen zu sollen (das ist für Bewerbungen um Stellen wichtig). Auch gibt es regelrechte Theoriemodewellen. So ist derzeit das *General Aggression Model* ,en vogue'. Fortschritte gegenüber der *Lerntheorie* sind nicht erkennbar.

Ein Merkmal der Medien-und-Gewalt-Forschung ist die Dominanz anglo-amerikanischer Autoren, wobei sich die Forscher dieses Sprachraums sozusagen selbst genügen. Aufgrund der Unkenntnis von Fremdsprachen – es liegt durchaus eine Art sprachlicher Arroganz vor – werden Forschungsmethoden und Befunde aus anderen Sprachräumen ignoriert. Für die deutschsprachige Forschung heißt dies, dass einige Methoden (z. B. die *funktionale Inhaltsanalyse*) und Forschungsbefunde (z. B. zu Wirkungen medienpädagogischer Maßnahmen) im anglo-amerikanischen Sprachraum nicht beachtet werden – zumindest solange sie nicht in englischer Übersetzung vorliegen.

Nach meiner Einschätzung werden in Zukunft vor allem folgende Forschungen verstärkt durchgeführt werden:

- Langfriststudien, die bislang z. B. im Vergleich zu Experimenten vor allem auch aus Kostengründen eher selten waren.
- Vorliegende Forschungen und erhaltene Befunde werden systematisch analysiert und die Befunde kumuliert werden (Meta-Analysen).
- Es wird versucht werden, Risiko- bzw. Problemgruppen besser zu identifizieren und bei ihnen Wirkungen zu erforschen.
- Computerspielgewalt wird zum Schwerpunkt der Medien-und-Gewalt-Forschung.
- Die Zusammenhänge zwischen schulischen Leistungen und Mediengewaltnutzung wird weiter untersucht werden.
- Die Effizienz medienpädagogischer Maßnahmen in Familien und Schulen wird ein weiterer Forschungsschwerpunkt bleiben.

Zusammenfassend gilt, dass Mediengewalt auch negative Wirkungen haben kann. Wirkungen sind nicht durch einfache, allgemein einsichtige immer und überall gültige Aussagen erklärbar. Einfache monokausale Aussagen über die Wirkung gewalthaltiger Inhalte sind falsch. Auch darf Mediengewalt nicht zum alleinigen Sündenbock für gesellschaftliche Gewalt gemacht werden. Wenn dies geschieht (Politiker neigen dazu), wird von wichtigeren Ursachen für Gewalt in der Gesellschaft und vom eigenen politischen Versagen abgelenkt.

Hinzu kommt, dass die bisherige Medien-und-Gewalt-Forschung ,verzerrt' war, denn im Zentrum standen die negativen Aspekte. Mögliche positive Aspekte wurden relativ wenig beachtet. Dies betrifft etwa den Aufbau sozialer Kontakte, den Wissenserwerb oder die Stärkung des Selbstbewusstseins. Ein Grund für diese Nichtbeachtung liegt womöglich darin, dass Mediengewalt von zumeist aus der Mittel- und Oberschicht stammenden Forschern oft als minderwertige Massenkultur eingestuft wird. Wichtiger für die einseitige Ausrichtung der Forschung aber ist, dass staatliche Forschungsgelder für Projekte leichter zu bekommen sind, die negative und die Gesellschaft bedrohende Effekte untersuchen wollen. Hier kann aber unter dem Einfluss der Computerspielindustrie durchaus ein Wandel erfolgen, denn diese ist allein schon aus Marketing-Gründen daran interessiert, ein ,positives' Image zu bekommen.

Wissenschaftliche Befunde fanden in der öffentlichen Diskussion bislang häufig nicht die für eine Versachlichung der Debatte und eine differenzierte Argumentation wünschenswerte Beachtung und Berücksichtigung. Ein Grund hierfür besteht in der unübersichtlichen Forschungslage und der Art der Präsentation der Forschungsbefunde in der Öffentlichkeit. Der Laie kann bei der Vielzahl der oftmals sehr komplexen Studien, die häufig auch methodisch problematisch sind, gar nicht erkennen, was wichtig und was unwichtig ist. Noch weniger kann die methodische Qualität eingeordnet werden, d. h. zu erkennen und beurteilen, was wissenschaftlich richtig oder falsch ist. Hier ist eindeutig die Kommunikation der Kommunikationswissenschaftler gefordert, die bislang eine gewisse Zurückhaltung an den Tag gelegt haben. Für die Ergebnisse der Medien-und-Gewalt-Forschung gilt, dass Kommunikationswissenschaftler offensichtlich nicht in der Lage oder willens sind, die Ergebnisse ihrer Forschungen in einer die Öffentlichkeit erreichenden Weise zu verbreiten, aber auch Wissenschaft bedarf der Public Relations.

Nochmals und mit Absicht redundant ist als Resümee festzuhalten: Insgesamt besteht aufgrund der bislang vorliegenden Forschungsergebnisse zur Panik kein Anlass. Die meisten Konsumenten von Mediengewalt sind ungefährdet. Die Thesen, der Konsum von Mediengewalt mache friedlicher *(Katharsis)* oder sei generell wirkungslos, sind durch die Forschung allerdings widerlegt worden. Allerdings gibt es Risikogruppen, die keinesfalls ignoriert werden dürfen. Die Thematik Medien und Gewalt wird auch weiterhin ein Schwerpunkt der Wirkungsforschung bleiben.

Was Sie aus diesem *essential* mitnehmen können

- Die Wirkungen von Mediengewalt hängen ab von den persönlichen Eigenschaften der Rezipienten, ihrer jeweiligen sozialen Einbettung, der Quantität der Nutzung, der Qualität der Inhalte sowie dem jeweiligen situativen Kontext der Nutzung. Einfache Ursache-Wirkungs-Schlüsse vom Gewaltinhalt auf gewaltsteigernde Wirkungen sind falsch. Allerdings gibt es in ihrer Größe nicht zu ignorierende Risikogruppen, bei denen negative Effekte eintreten.
- Am geeignetsten zur Erklärung der Wirkungen von Gewaltdarstellungen ist die Theorie des Lernens durch Beobachtung. Die Mehrzahl der neueren Theorien bringt keinen Erkenntnisfortschritt.
- Die Annahme, Mediengewalt habe keine Wirkungen und die Katharsisthese, die positive Effekte von Mediengewalt unterstellt, sind widerlegt. Niemand erlebt durch den Konsum von Mediengewalt einen Aggressionstriebabfluss und wird dadurch friedlicher.
- Medienpädagogische Maßnahmen können erfolgreich zur Verhinderung unerwünschter Wirkungen eingesetzt werden. Das für Medienpädagogen zentrale Problem besteht dabei darin, dass kurzfristige Erfolge praktisch nicht zu identifizieren sind.

© Springer Fachmedien Wiesbaden GmbH 2017
M. Kunczik, *Medien und Gewalt*, essentials,
DOI 10.1007/978-3-658-16543-7

Glossar

Aggression Verhalten, das auf die Schädigung einer oder mehrerer Personen bzw. Personensurrogate abzielt.

Aggressionsmessung Kurze Überblicke über die wichtigsten Messprobleme geben: Bierhoff, Hans-Werner, Sozialpsychologie, Bielefeld 2006; Kap. 5.1.2. S. 170 172. Mummendey, Hans Dieter, Einige Probleme der Erfassung aggressiven Verhaltens im psychologischen Labor, S. 361–377, in: Hilke, H. R. (Hrsg.), Aggression, Bern 1982 (Huber).

Andere-Leute-Effekt siehe *Third-Person-Effect.*

Definition Bezeichnung eines Gegenstandes. Eine *Nominaldefinition* ist die Festlegung der Bedeutung, die einem Terminus – dem Definiendum – zukommen soll. Damit wird die Bezeichnung eines Objektes festgelegt, das die im Definiens genannten Eigenschaften besitzt. Das Definiendum ist der festzulegende Begriff; das Definiens beinhaltet die Elemente des Vorstellungsinhalts. Eine Nominaldefinition ist eine Konvention, die weder richtig noch falsch sein kann. Allerdings kann sie für eine Forschung mehr oder weniger brauchbar sein. Demgegenüber machen *Realdefinitionen* Aussagen über das Wesen eines Gegenstandes. Sie sind empirisch prüfbar und können richtig oder falsch sein.

Einstellung Dauerhafte Überzeugung, die mit Gefühlen verbunden ist und die Neigung fördert, sich gegenüber einem Einstellungsobjekt oder auch in spezifischen Situationen in bestimmter Weise zu verhalten.

Empathie Fähigkeit, sich in andere Menschen hineinversetzen zu können.

© Springer Fachmedien Wiesbaden GmbH 2017
M. Kunczik, *Medien und Gewalt*, essentials,
DOI 10.1007/978-3-658-16543-7

Empirische Forschung Empirisch heißt, auf Erfahrung bzw. Beobachtung beruhend. Um Informationen (Daten) in der Realität einzuholen, die Aussagen darüber gestatten, ob theoretisch angenommene Sachverhalte und Zusammenhänge (Hypothesen) tatsächlich zutreffen, werden Forschungsmethoden (z. B. Experiment, Umfrage usw.) benutzt. Empirie und Theorie sind keine Gegensätze. Empirie ist ohne theoretische Analyse sinnlos und umgekehrt.

Experiment Methode zur Überprüfung einer Kausalannahme in kontrollierten (manipulierten) kontrastierenden Situationen. Es wird versucht, aufgestellte Hypothesen planmäßig und objektiv zu überprüfen. Die Wirkungen veränderter Ausgangsbedingungen (z. B. Konsum von Mediengewalt oder nicht) werden unter festgelegten Gütekriterien überprüft.

Feldexperiment Experiment, bei der der Untersuchungsgegenstand (z. B. Schüler) nicht aus seiner natürlichen Umgebung herausgenommen wird und die relevanten Variablen kontrolliert werden.

Frustration Unterbrechung zielgerichteten Verhaltens.

Frustrations-Aggressions-Hypothese Annahme, dass Frustration immer zu Aggression führt sowie dass einer Aggression eine Frustration vorausgegangen ist.

Gruppe Eine Gruppe besteht aus zwei oder mehr Individuen (bis ca. 30), die über einen gewissen Zeitraum hinweg miteinander interagieren, sich von der Umwelt durch Bräuche unterscheiden und deren Angehörige sich ihrer Zugehörigkeit bewusst sind.

Gültigkeit (Validität) Betrifft die Frage, ob ein Instrument wirklich das misst, was es zu messen beansprucht (materielle Richtigkeit eines Forschungsbefundes)

Hypothese Annahme über Beziehungen zwischen Ereignis(sen) und Ursache(n).

Inhaltsanalyse Empirische Forschungstechnik zur objektiven, systematischen und quantitativ-qualitativen Analyse von Medieninhalten (z. B. Fernsehsendungen, Filme usw.). Objektiv heißt, dass die Kategorien so genau festgelegt sind, dass unterschiedliche Forscher zu identischen Ergebnissen gelangen, wenn die gleichen Inhalte untersucht werden.

Korrelationskoeffizient Information über den Grad des Zusammenhanges zwischen zwei Variablen. Die Koeffizienten sind nicht ohne weiteres kausal interpretierbar und enthalten einen allgemeinen sowie einen spezifischen Aspekt. Letzterer besteht zwischen den beiden korrelierten Merkmalen. Ersterer geht darüber hinaus und verweist auf andere Merkmale, die ebenfalls mit den beiden Variablen korrelieren. Korrelationskoeffizienten können Werte zwischen $+1$ (enge positive Beziehung) und -1 (enge negative Beziehung) annehmen, wobei die Größe Null besagt, dass zwischen beiden Variablen kein Zusammenhang besteht.

Laboratoriumsexperiment *Experiment* in einem psychologischen Laboratorium.

Längsschnittstudie Beobachtung im Zeitablauf und/oder bestimmten Zeiträumen (z. B. in der Kindergarten- oder Schulzeit). Individuen oder Gruppen (z. B. Familien, Schulklassen usw.) werden im Verzuge ihrer Entwicklung zumindest zweimal (oder öfter) erfasst. Studien, in denen Daten über einen längeren Zeitraum hinweg mehrfach erhoben werden, ermöglichen die Analyse kumulativer Effekte und gestatten ein realitätsnäheres und aussagekräftigeres Bild der Wirkungen als kurzfristige experimentelle Momentaufnahmen. Aussagen über die Kausalitätsrichtung von Zusammenhängen zwischen Mediengewaltkonsum und Aggressivität sind möglich.

Norm Auffassungen darüber, wie das Verhalten sein sollte. Normen sind zum einen Richtlinien des Verhaltens und dienen andererseits zu dessen Beurteilung.

Operationalisierung Umsetzung theoretischer Begriffe in beobachtbare und messbare Sachverhalte. Operationalisierungen können hinsichtlich ihrer Gültigkeit (Validität) und Zuverlässigkeit (Reliabilität) variieren. Operationale Definition bezeichnet die Zuordnung von Indikatoren oder Forschungsvorgehen zu einem Begriff.

Panel-Befragung Gleiche Einheiten (Individuen, Gruppen, Gemeinden usw.) werden zu verschiedenen Zeitpunkten auf gleiche Variablen hin untersucht.

Quantifizieren Objekten oder Ereignissen werden nach Regeln Zahlen zugeordnet, d. h. Erscheinungen werden auf einem Kontinuum eingeordnet.

Suggestibilität Ausmaß der Bereitschaft, sich durch Suggestion – also auch gegen den eigenen Willen gefühlsmäßig beeinflussen zu lassen. Suggestibilität wird häufig als Synonym für Begriffe verwandt wie Willfährigkeit, Gehorsam, Leichtgläubigkeit, Hypnotisierbarkeit usw.

System, soziales Bezeichnung eines Systems miteinander verknüpfter Positionen. *Position* bezeichnet in einem Feld sozialer Beziehungen einen Ort in Relation zu anderen Orten.

Theorie Gesamtheit logisch zusammenhängender Urteile über die Realität (System von Hypothesen). Theorien müssen an der Realität geprüft werden, da sie ansonsten „Schreibtischprodukte" bleiben

Third-Person-Effect *(Andere-Leute-Effekt)* Bezeichnung des Phänomens, dass sich die Überzeugung von der Gefährlichkeit der Medien nicht auf die eigene Person bezieht, sondern dass die anderen Menschen gefährdet sind. Man selbst ist überlegener, kritisch distanzierter Medienkonsument, betrachtet aber die anderen (die Masse der Bevölkerung) als gefährdet (Verdammung der Massen durch die Massen).

Variable Veränderliches quantitatives Merkmal. Wird eine Kausalbeziehung angenommen, bezeichnet man den verursachenden Faktor als unabhängige Variable, die auf die abhängige Variable Einfluss nimmt.

Verzerrung (Befragungs-Effekt) Tatbestand, dass in Befragungen Verzerrungen der Antworten ausgelöst werden, wenn die Befragten das Ziel der Untersuchung kennen.

Zuverlässigkeit (Reliabilität) Formale Genauigkeit eines Forschungsinstruments; betrifft die Übereinstimmung der Resultate bei wiederholter Anwendungen eines Instruments auf den gleichen Gegenstand.

Literatur

Bandura, Albert, Aggression. Eine sozial-lerntheoretische Analyse. Stuttgart 1979.

Bandura, Albert, Sozial-kognitive Lerntheorie. Stuttgart 1979; zuerst 1973.

‚Moderne' Fassungen der Theorie des Lernens durch Beobachtung unter Berücksichtigung von Mediengewalt.

Bushman, Brad J. und Huesmann, L. Rowell (2006): Short-term and Long-term Effects of Violent Media on Aggression in Children and Adults. In: Archives of Pediatrics and Adolescent Medicine, 160, S. 348–352.

In den USA vorgenommene Auswertung von 431 Studien mit Kindern und Erwachsenen zur Wirkung von Mediengewalt.

Flanders, Judith, The Invention of Murder. How the Victorians Revelled in Death and Detection and Created Modern Crime, New York 2011.

Gut lesbare, informative Studie mit vielen Beispielen über das Aufkommen der Mord- bzw. Kriminalitätsberichterstattung im Victorianischen England.

Freitag, Burkhard und Zeitter, Ernst, Realität und Fiktion in Gewaltdarstellungen oder: Schützt Wissen vor Wirkung? In: tv diskurs, 3, Heft 9, 1999, S. 18–27.

Diskussion der Bedeutung der Fähigkeit, zwischen Realität und Fiktion unterscheiden zu können, für die Wirkung von Mediengewalt.

Früh, Werner, Gewaltpotentiale des Fernsehangebots. Programmangebot und zielgruppen-spezifische Interpretation, Wiesbaden 2001.

Die Studie widerlegt die These, die Wirkung von Mediengewalt sei bei allen Zuschauern gleich. Mediengewalt wird von verschiedenen Zuschauern unterschiedlich wahrgenommen und bewertet sowie mit unterschiedlicher Aufmerksamkeit verfolgt (*funktionale Inhaltsanalyse*). Mediengewalt sind als Gewalt wahrgenommene Inhalte.

Fuchs, Marek, Lamnek, Siegfried, Luedtke, Jens und Baur, Nina, Gewalt an Schulen. 1994–1999–2004, Wiesbaden 2009.

Nach den Befunden dieser Studie stellt Gewalt an Schulen kein Wachstumsphänomen dar. Zwischen 1994 und 2004 wurde ein Rückgang der Gewalt festgestellt. Gewalt an Schulen geht von einem kleinen Täterkreis (Bullies) aus.

Grempe, P. Max, Gegen die Frauenverblödung im Kino; zuerst 1912/13; S. 120–127. In: Schweinitz, Jörg (Hrsg.), Prolog vor dem Film. Nachdenken über ein neues Medium 1904–1914, Leipzig 1992.

Kluger, lesenswerter ‚älterer' Aufsatz über geschlechtsspezifische Medienwirkungen.

© Springer Fachmedien Wiesbaden GmbH 2017

M. Kunczik, *Medien und Gewalt*, essentials,

DOI 10.1007/978-3-658-16543-7

Grimm, Jürgen, Fernsehgewalt. Zuwendungsattraktivität, Erregungsverläufe, sozialer Effekt. Zur Begründung und praktischen Anwendung eines kognitiv-physiologischen Ansatzes der Medienrezeptionsforschung am Beispiel von Gewaltdarstellungen, Wiesbaden 1999.
Umfassende Untersuchungsreihe mit über 1200 Teilnehmern zur Wirkung von Gewaltdarstellungen. Es zeigte sich ein „Wirkungspotpourri". M.a.W., es gibt keine griffige Kurzformel einer durch Mediengewalt verrohten Gesellschaft. Nachgewiesen wurde u.a. auch *negatives Lernen*, d. h. Aggressivität nahm durch die Betrachtung filmischer Gewalt ab.
Hopf, Werner, Huber, Günter L. und Weiß, Rudolf H, Media Violence and Youth Violence. A 2-Year Longitudinal Study. In: Journal of Media Psychology, 20, 2008, S. 79–96.
Zweijährige Langzeitstudie an bayerischen Hauptschulen. Berücksichtigt wurde der Konsum verschiedener Filmarten und Fernsehsendungen (z. B. Horror- und Gewaltfilme) sowie von gewalthaltigen Computerspielen.
Kleimann, Matthias, Medienlotsen gesucht. Konzeption und Evaluation einer Unterrichtseinheit zur Prävention problematischer Mediennutzungsmuster bei Schülerinnen und Schülern dritter bis fünfter Klassen im Rahmen des Berliner Längsschnitt Medien. Baden-Baden 2011.
Empirische Studie zur Wirkung medienpädagogischer Maßnahme. Die Kenntnis der Studie ist für Medienpädagogen ein ‚Muss'.
Kunczik, Michael, Gewalt – Medien – Sucht: Computerspiele, Berlin 2013.
Kritischer Überblick über neuere Studien zur Wirkung von Mediengewalt. Das Schwergewicht liegt auf Computerspielen.
Kunczik, Michael und Zipfel, Astrid, Gewalt und Medien, 5. Aufl., Köln 2006.
‚Bewährtes' Studienbuch zur Mediengewalt.
Kunczik, Michael und Zipfel, Astrid, Medien und Gewalt. Befunde der Forschung 2004–2009, Bericht für das Bundesministerium für Familie, Senioren, Frauen und Jugend, Bonn 2010.
Detaillierte Analyse der Forschungen zu Medien und Gewalt bis einschließlich 2009.
Rehbein, Florian, Mediengewalt und Kognition. Eine experimentelle Untersuchung der Wirkung gewalthaltiger Bildschirmmedien auf Gedächtnis- und Konzentrationsleistung am Beispiel der Computerspielnutzung. Baden-Baden 2011.
Diese Studie ist eng verbunden mit der ‚Kleimann-Studie'.
Stieler, Kaspar, Zeitungs Lust und Nutz (vollständiger Neudruck der Originalausgabe von 1695; herausgegeben von Gert Hagelweide) Bremen 1969 (Carl Schünemann Verlag).
Erste Ausformulierung der Lerntheorie.
Wallenius, Marjut und Punamäki, Raija-Leena, Digital Game Violence and Direct Aggression in Adolescence. In: Journal of Applied Developmental Psychology, 29, 2008, S. 286–294.
Langfiststudie, die u. a. die Eltern-Kind-Kommunikation und deren Bedeutung für die Wirkung von Gewaltdarstellungen (hier: Spiele) untersucht.
Weber, Max, Soziologie – weltgeschichtliche Analysen – Politik, Stuttgart 1964.
Enthält den Aufsatz *Vom Inneren Beruf der Wissenschaft*, in dem von der Forschung (auch) praktisch verwertbare Ergebnisse eingefordert werden.